薛仕扣 ◎ 著

我在新疆教数学
仁心数学之萌发

上海社会科学院出版社
SHANGHAI ACADEMY OF SOCIAL SCIENCES PRESS

图书在版编目(CIP)数据

我在新疆教数学 / 薛仕扣著. -- 上海 : 上海社会科学院出版社, 2025. -- ISBN 978-7-5520-4731-8

I. G633.602

中国国家版本馆 CIP 数据核字第 2025JA1069 号

我在新疆教数学

著　　者：薛仕扣
责任编辑：路　晓
封面设计：徐　蓉
出版发行：上海社会科学院出版社
　　　　　上海顺昌路 622 号　邮编 200025
　　　　　电话总机 021-63315947　销售热线 021-53063735
　　　　　https://cbs.sass.org.cn　E-mail：sassp@sassp.cn
照　　排：上海碧悦制版有限公司
印　　刷：上海颛辉印刷厂有限公司
开　　本：787 毫米×1092 毫米　1/16
印　　张：12.5
字　　数：245 千
版　　次：2024 年 12 月第 1 版　2024 年 12 月第 1 次印刷

ISBN 978-7-5520-4731-8/G·1419　　　　　　　定价：62.50 元

版权所有　翻印必究

目 录

引子 ·· 1

第一辑　我和六(4)班的孩子们

初见 39 个孩子 ·· 11
 学生"不懂"我说的话吗 ······································ 11
 谁来做自我介绍 ·· 12
 终于发声了 ·· 13
 14 年,还是 15 年 ··· 14
 同学们,请做自我介绍吧 ···································· 14

小强,你现在还好吗 ·· 15
 一通来自"爷爷"的电话 ······································ 15
 不回家的小强 ·· 15
 一份共同商定的保证书 ······································· 16
 一次失败的谈判 ·· 17
 向大伯求救 ·· 18
 小强,一路顺风 ·· 19

喜欢的书,尽管拿 ·· 20
 "保管"500 本图书 ·· 20
 书是用来读的 ·· 20
 小板子,大作为 ·· 21

再见,孩子们 ·· 23
 一个"不好"的消息 ·· 23
 最后一次和学生一起扫雪 ···································· 33
 想听好消息,还是坏消息 ···································· 34
 分别,不一定要悲伤 ·· 35

第二辑　我和123团中学的老师们

锦衣夜行的顾爱菊老师 ··· 39
　　我印象中的顾爱菊：一位令我尊敬的老教师 ················ 39
　　顾老师对我说：你是一位很有责任心的老师 ················ 40

对教育怀揣赤子之心的孙静老师 ······························ 41
　　我印象中的孙静：一位喜爱教育与学习的教师 ············· 41
　　孙老师对我说：2019，遇见更好的自己 ····················· 43

有大教育情怀的刁家萍老师 ···································· 45
　　我印象中的刁家萍：一位对教学有独特视角的教师 ········ 45
　　刁老师对我说：教育就是一棵树摇动另一棵树 ············· 46

对课堂教学乐此不疲的康方方老师 ···························· 48
　　我印象中的康方方：一位"灵""悟"兼具的老师 ··········· 48
　　康老师对我说：灯火阑珊处的"那人" ······················ 49

务实求精的廖莉萍老师 ·· 51
　　我印象中的廖莉萍：一位对工作极其认真的老师 ··········· 51
　　廖老师对我说：因为有你，让我走得更远 ··················· 53

深受学生喜爱的焦晶萍老师 ···································· 55
　　我印象中的焦晶萍：一位爱心充盈的老师 ··················· 55
　　焦老师对我说：真爱换真心，平凡诠伟大 ··················· 56

第三辑　我和我的课堂

课听了，总要说点什么 ·· 63
　　平均分的"此岸"与"彼岸" ································· 63
　　发掘练习课背后的要义 ······································· 67
　　课堂是一个智醒的地方 ······································· 71
　　为了教师，最终为了学生 ····································· 73
　　数学教学必须要有"暗线" ··································· 77

课上了，更要讲点什么 ·· 78
　　把幸福种子播撒在孩子的心里 ······························· 79

为了学生的数学素养而教 ·· 90

参与了,想要评点什么 ·· 98
　　把1吨"搬"进课堂 ·· 98
　　生活,为学生的数学学习助力 ·· 105
　　我是"小小设计师" ·· 112
　　对分数意义的探寻 ·· 116
　　借"形"解"数",感悟思想 ·· 121
　　要"会",更要"慧" ·· 126
　　猜想·验证·运用 ·· 131
　　打通通道,内化结构 ·· 137

第四辑　我和"薛老师工作室"

春山处处行应好,一月看花到几峰 ·· 145
　　"薛老师工作室"章程 ·· 146
　　"薛老师工作室"工作计划 ·· 147
　　"薛老师工作室"教学研讨展示活动安排表 ·· 148
　　"薛老师工作室"3月份听课及交流安排表 ·· 149
　　每天读书任务安排表 ·· 150
　　"薛老师工作室"成员听课记录 ·· 151
　　走进新老师的课堂,做好帮扶工作 ·· 151

磨砥刻厉,久而后有得 ·· 155
　　来自宣传媒体的多次报道 ·· 155
　　师级"希沃杯"教学大赛出成效 ·· 162
　　青年教师夺桂冠 ·· 163

再起航,我们的队伍在扩大 ·· 164
　　招募新成员 ·· 164
　　切合实际的梯队培养方案 ·· 166

再见,期待再一次相见 ·· 169
　　盘点过去 ·· 169
　　展望未来 ·· 171

第五辑　我和支教的学校

《教研培训意向表》的那些事 175
　　用心设计一份表格 175
　　做实数据的收集、分析工作 176
　　做好"菜单式"培训的前期工作 178

参与"淮安·七师教育心连心"活动 178
　　思索如何发挥援疆团队的作用 178
　　制订"淮安·七师教育心连心"活动方案 179
　　老师们在活动中收获多多 180

"幸福教育西部行"来了 180
　　做好"幸福教育西部行"联络人 180
　　为七师播撒"幸福教育"的种子 181

做好教育研究的引路人 182
　　我的南疆之行纪实 182
　　为学校最后一次做讲座 184

尾声 194

引子

我的一年半的援疆支教工作已经圆满地画上句号了！

一年半的时间说长不长，因为它已经在不经意间过去了。但，一年半的时间说短也不短，因为对于人的一生来说（按80岁计算），它足足占据了人生近2%的光阴。

这说长不长，说短不短的时间应该怎样度过？

美国有一位哲学家梭罗，他曾说过："我之所以走进林间，并不是想生活得便宜些或者更昂贵些，而是想以最少的麻烦做些个人想做的事。"

是啊，个人想做的事！

我想做的事是什么？既然我选择了援疆支教，那我就想做"幸福教育"的播种机。我想将淮安市实验小学所倡导的"幸福教育"的理念播种在祖国西部的这片热土上。

"育幸福学生，当幸福教师"是我的理想与追求。我要让祖国的这片土地上的孩子们拥有成长的快乐，让这片土地上的教师们享受到职业的幸福！

这就是我想做的事！

这件事做得怎样？站在这结束的时间节点上，我想让时光倒流到原点，慢慢地去回忆……

独山子的一座不知名的山

决定：不单单是主观的行为，更多的是要整个家庭的支持

2018年5月17日下午学生放学后，我的手机跳出一条来自学校的短信：

> 请所有老师今天下午5:30准时到大礼堂开会，要求所有老师准时参加，不得请假、迟到！

到底是什么紧急的会议呢？犹豫中的我放下手中的事务，和老师们一同来到学校礼堂参加会议。

会议由张良文副校长主持召开。

张校长说他今天下午去教育局参加了一个会议，局里要求必须将会议精神传达给学校的每一位教师。

会上，张校长宣读了一份江苏省教育厅下发的《关于选派首批"援藏援疆万名教师

支教计划"支教教师的通知》,随着张校长的宣读,神秘的面纱终于揭开了!

张校长在会上讲了这次局里给我们学校一个援疆支教的名额,并讲了很多援疆的优惠政策。至于什么优惠政策,现在我一概记不得了,但我当时只记得两点:一是此次援疆,局里只给我们学校一个名额;二是援疆老师必须是教数学的。

"我想报名参加!"这个念头竟然在会议结束后仍印刻在我的脑海里,以至于都我不知道自己怎么回的家。

到家后,妻子看到我的脸色,主动问我有什么心事,我脱口而出:"我想去援疆!"

妻子说:"我就知道是这事,我们校区也通知了这件事(我的妻子也是一名教师,跟我在同一所学校,但不在同一个校区)。但是,我不同意你去,孩子暑假后就上六年级了,家里的老人需要照顾,再说我身体也不好……"

是啊!儿子今年上六年级,即将面临小升初;父亲去世早,母亲年岁已高,需要人去照顾;妻子患有多年的风湿病,还要常年吃药。如果我去援疆,家里怎么办呢?想到这些,我在矛盾中纠结……

可我没想到,第二天一早,妻子跟我说:"你去吧,家里的事情交给我,我想办法克服!"

可能是妻子尊重我的意愿,也可能是她"舍小家,为大家",还可能是我和妻子同为教育人对教育的情怀,具体哪个原因我不得而知。但我妻子是一个"嘴上硬,心肠软"的人,为了我,她承担了更多。

现在回头看看这一年半的时间,家里的里里外外,她确实承担了很多很多,这是一个没有类似经历的人所无法理解的。

来到学校,我主动到校办柏静老师处登记报名参加援疆支教,并问了柏老师还有哪些老师报名参加。柏老师爽快回答道:"你是第一个!"

2018年5月24日,是我37岁的生日。可这一天不单单是我的生日,更重要的是,这一天是学校最终确定我去新疆支教的日子。

这一天,我如愿以偿。

援疆支教,不是我一个人的决定,更重要的是整个家庭背后的默默付出。他们,或许比我做得更多!

静待:不单单是时空的概念,更多的是对陌生环境的遐想

2018年6月8日,我接到教育局通知:6月11日去淮安市第二人民医院体检中心参加援疆前的体检。

体检时有两项重要的指标：一是血压，二是肺活量。据小道消息说，血压高、肺活量不行的人去新疆会有高原反应，不适应那里的生活，会被取消援疆资格。

得知这个消息，我心里顿时紧张了起来。

6月11日一大早，我来到淮安市第二人民医院体检中心，看到一起来援疆的老师还不少（后来得知，此次援疆共有30名老师），心里顿时紧张起来，原本血压不高的我，高压测得140多，低压测得90多。医生说："你血压高了，不行！你先找个地方歇歇，一会儿过来重测。"

等再去测血压的时候，医生告诉我："只要你不紧张，呼吸节奏放慢，血压自然会降下来的！"医生的话果然很管用，重测时血压恢复了正常！

直到现在，每次体检测血压时我都会小有紧张，可能就是受此影响。

现在想来，也不知道当时是谁说的，我所支教的学校海拔也就200多米。那里的空气清新，环境很好。一年365天，空气质量永远保持着"优"的等级，根本不存在所谓的不适反应！想想当时的体检，真是虚惊一场啊。

6月18日，我收到了淮安市教育局负责援疆支教工作人员的祝贺短信，说我体检合格，要我填写好相关表格，等待通知。

这一等待确实漫长！

在等待的过程中，我向去年在我校上挂跟岗学习的新疆七师127团袁月筠老师了解情况："新疆的孩子会不会讲汉语？""新疆和淮安有什么不一样的地方？""你们那里少数民族的孩子多不多？"……

袁老师告诉我："新疆的孩子，他们汉语讲得好着呢！你放心过来吧，这里一切都很好！"

转眼6月份过去了，暑假也开始了，再等7月份结束，暑假已过半。可是一直没有教育局和学校有关援疆支教的消息。

8月2日至7日，学校组织全体党员老师去延安进行培训学习，我借机咨询教育局相关人员："是否可以随学校党员老师一同去延安学习？"得到的回复是："不要参加，等待我们的通知！"

果然，8月8日，我终于等到了援疆支教老师的培训会议。

来到会场一看，原来参加援疆支教的老师一共有30人，分布于整个淮安市区及各个县区的小学、初中和高中。我们30人被分配在新疆生产建设兵团第七师的三所不同的学校：123团中学、130团中学和131团中学。其中123团中学离师部最远，不巧的是我就被分配在那儿。

培训会上，淮安市教育局张元贵局长亲自参加。张局长一方面叮嘱我们去新疆要好好工作，我们的所作所为代表着淮安教育的形象；另一方面也让我们安心工作，局里将会尽力为我们解决后顾之忧。高荣书记说他刚从新疆回淮安，我们所支教的三所学校他都考察过了，我们住的宿舍他也看过了，应该说各方面条件都比我们想象的要好。洪璐处长则给我们介绍了她几次去新疆的经验。同时，市财政局等领导在培训会上也做了表态发言。大家紧张的心理慢慢地放松下来。

启程：不单单是扬帆的顺畅，更多的是遭一波三折的挽留

2018年8月16日下午，我拖着几天前就收拾好的行李，从家出发，前往离家近4000公里的新疆，这是我离家最远的一次。

按照淮安市教育局通知要求，我们下午1:30准时到达市政府会议厅。然后30人集中乘坐大巴前往南京禄口机场，乘机前往新疆。

然而，大家还没有到齐，我们就陆续收到南方航空公司发来的短信：

> 尊敬的薛仕扣旅客，很抱歉，您原定2018-08-17 08:55从南京至乌鲁木齐的CZ6838航班取消，现暂安排您乘坐2018-08-17 17:45从南京至乌鲁木齐的CZ6972航班。

原定于第二天上午出发去新疆，结果改到下午了！

大家一致疑惑：我们今天还走不走？走，到南京再说吧！

就这样，我们晚上到了南京，入住了南京的酒店。

傍晚的古城南京，淅淅沥沥地下起了雨，雨越下越大。伴随着风，地面上随处可见被水滩浸没着的黄树叶，天气突然之间转凉了，真是立秋之后，一场秋雨一场凉啊！

8月17日，农历七夕节，我们和家人告别，再加上一场秋雨，一个航班取消的通知，整个上午我们一直在酒店休息。心里有一丝的孤寂。

出发前自拍留念

下午3:30，我们提早2个小时到达南京禄口机场办理登机前的各项手续。然而，意想不到的事情再次发生，我们又收到了南方航空公司的短信：

尊敬的薛仕扣旅客,很抱歉,您原定 2018—08—17 17:45 从南京至伊宁(经停:乌鲁木齐)的 CZ6972 航班,现更改为 2018—08—17 19:00 起飞。

此时,外面又下起了小雨,让人似乎多了些凄凉,眼看晚上 7 点的时间已经到了,但此时连登机的消息也没有,就连航班推迟的短信也懒得发了。

"还走不走了?"有人抱怨道。

不管它了,先填饱肚子再说,我们几人一起在机场找了一家餐馆,每人点了一份拉面吃了起来。

就这样直到晚上 8 点多,我们才被通知改了登机口,匆匆地排队上了飞机,等到达乌鲁木齐机场已经是第二天凌晨 1 点多了。

抵达:不单单是身体的落脚,更多的是需寻求心灵的归宿

到了乌鲁木齐地窝堡国际机场已经是 8 月 18 日的凌晨 1 点多了,负责接机的领导和老师一直在机场等待着我们,让我们很是感动。他们说:"现在还不算晚,此时的时间就相当于我们内地晚上 11 点多(因为新疆和淮安有 2 个多小时的时差,但实际应该不止)。"

很快我们在机场附近的一家酒店入住,行李收拾停当,准备睡觉已经是凌晨 3 点多了。

可能是第一次出这么远的门,虽然很迟入睡,但第二天早晨醒来时还没到 7 点。我一点睡意也没有,看着窗外天才蒙蒙亮,脑海里搜索着家乡的位置。

刚来一天,我竟然有想家的念头。

8 月 18 日上午 9 点,我们从乌鲁木齐出发前往七师,4 个小时的车程,下午 1 点终于到了七师师部。师教育局的领导对我们的到来表示热烈欢迎,并举行了欢迎仪式。

原本以为已是最终的抵达,然而吃完午饭后,我们要继续前行,因为我所支教的学校在七师 123 团,离师部还有一个半小时的车程。

123 团中学张建国校长和孙国忠主任亲自开车来接我们。一路上,我们问了很多"好奇"的问题,张校长和孙主任热情地帮我们一一解答。

到达宿舍楼下,总务处解海龙主任已经在楼下等我们了。

下了车,映入眼帘的是一排排碧绿的柳树,虽已过立秋,但绿绿的柳条仍是自然垂落状,不远处是橘色、橙色和白色相间的五层小楼,再往上看就是碧蓝的天空,几种颜色如此合理搭配,真的是美极了!

在解主任的引领下,我们来到了准备好的住所,里面冰箱、洗衣机、空调、床、灶具等

一应俱全，就连米、油、盐等都已配好。另外，房间里还备了一个西瓜和一个哈密瓜，真是考虑得非常细致。

放下行李，简单收拾，解主任说："我带大家到团场转转！"就这样，解主任充当"导游"，领着我们到了团场。

我们跟在解主任的后面一路行走：菜场、医院、饭店、超市、药房，等等，一应俱全，就连哪边是吃早餐的地方，哪家超市东西好，解主任都给我们一一介绍。更难得的是，任何一家商店均可以使用微信或支付宝进行支付！

居住的小区

这一切的一切，完全颠覆了我和家人的观念。

临行前几天，妻子就给我准备好了现金，说那里可能不能用手机支付。

临行前一天，我还特意买了一把指甲刀，担心指甲长了，那里没有卖指甲刀的怎么办？现在想来，确实好笑！

我们都是有故事的人。尤其在这非凡的一年半的时间里，会有更多的故事。而且在这里所发生的故事，都很值得我去回味。

而现在，我要去寻找这一年半以来，我和我的学生、我的同事、我的工作室以及我所支教的这所学校，那些值得回味的故事……

第一辑

我和六(4)班的孩子们

我是江苏省淮安市实验小学的一名老师,淮安市实验小学有着丰厚的文化底蕴和优良的办学传统,建校110余年,从"儿童本位"到"轻负高质"再到如今所倡导的"幸福教育",享誉省内外。如同前面所说的,为响应江苏省教育厅下发的《关于选派首批"援藏援疆万名教师支教计划"支教教师的通知》号召,我积极报名申请援疆支教。

之后便如愿以偿,2018年8月19日,我早早地来到所支援的学校,虽然这个日子在淮安还是暑假,但这里的学生这一天已经开学报到了。

我所支教的学校全称为新疆生产建设兵团第七师123团中学,这是一所九年一贯制学校。学校安排我教六年级(4)班数学,兼任六年级(4)班的班主任。

新疆的学生长得什么样呢?他们的汉语讲得如何?他们和淮安的学生有什么不一样的地方?……从住所到学校步行虽然只需要10多分钟的时间,但在这一特定的时空里,这一连串的问题一直在我的脑海里打转。

不知不觉我来到了学校门口,门口有身穿制服的值班保安和老师,他们看到我第一眼就知道我是从淮安来的老师,表示欢迎的同时就把我引进了校园。

123团中学校园(小学部)

走进小学部教学楼,教学楼共四层,一、二年级在一层,三、四年级在二层,五、六年级在三层,学校的一些功能教室安排在四层。我直接上了三层,找到了六年级(4)班。

初见39个孩子

学生"不懂"我说的话吗

随着我的进入,原本"喧闹"的教室慢慢地静了下来。我在教室的两个过道里面走了一圈,顺带心里默数了学生人数,全班一共39名学生。

学生们的目光逐渐向我聚焦,先是三两个目光,到后来聚焦的目光越来越多,以至于到我回到讲台时,全班的目光全部聚焦到我这个"陌生人"身上。

眼睛是心灵的窗户,从学生的目光里,我看到了他们的疑惑:这个人是谁?他到我们班来干什么?他会不会是我们班新来的老师?

"同学们,你们好!"我发话了。

学生由原来略显懒散的坐姿齐刷刷地坐得笔直。

我说道:"没关系,大家不要坐得这么拘谨!"然而,全班大部分学生没有改变坐姿,不仅如此,有些学生反而比之前坐得更直了!

他们十有八九猜到这个"陌生人"很有可能就是他们的新老师!因为这个班6年换了超过6位班主任(有一年甚至换了2个,这件事后来我才知道)。另外,毕竟是六年级的学生,通过我说的这两句话,他们已经猜测到这人不是一般的人物。

此时的我有点疑惑了,我明明让他们不要坐得这么拘谨,他们却更拘谨了!我的脑海里再次浮现出会不会有学生听不懂汉语的疑惑。于是我随口用温和的语调说道:"你们听不懂我说的话吗?"

很多学生用摇头的方式向我传递信息,同时面部表情缓和了很多,身体略微放松了一些,但没有一个学生用嘴巴给予我答案。即便没有人回答,但我从学生的动作神态里已经获取了答案,他们不是听不懂我的话。

谁来做自我介绍

"我是你们的新老师,这个学期和大家一起学数学,同时也是大家的班主任。第一次和大家见面,为了彼此了解,我们相互之间做一个自我介绍,好不好?"我先做了开场白。

工作十多年来,每当接手一个新的班级,我从不向"前任"那里打听班级学生的情况,哪些学生成绩优秀?哪些学生调皮捣蛋?因为当你一旦得知,难免会给学生打上一个先入为主的印记。这样对学生而言是不公平的。

我以为,随着年龄的增长,学生是会发展的,这一点在小学生身上尤为明显,他们是一群正在成长中的孩子。当打听到某某所谓"不好"的学生时,你自然会将所谓的"不好"投射到他身上,这种投射对学生个体而言,可能是一种致命的打击。所以每次接手一个新的班级时,所有学生在我脑海里形同蓝天下自由飞翔的鸽子,他们在蓝天下飞翔,我在他们的下面仰望。

这是我做老师的一个原则,以前是,以后也是,不会改变!

"是我先给大家做一个介绍,还是你们给我做自我介绍,谁先来?"教室里依然没有声音,此时不仅没有声音,而且还静得出奇。

这样的问题很难回答吗?我在心里反问自己。这明明就是一道选择题,要么选择老师先介绍,要么选择学生先介绍。

后来我向班长打听才得知,他们以前的课堂基本就是老师说学生听,老师讲学生记。即便是这样的一个简单的选择,学生也无从下手。

不行,这样的学生我必须改变,而且要彻底地改变!

"既然你们不选择,那老师替你们选择吧!你们先给老师介绍介绍自己!"

我把我的意见强加到学生身上!但没有一个学生愿意举手介绍自己!此时氛围沉闷得让人压抑,空气也似乎凝结起来……

终于发声了

一个女孩以一个标准的举手姿势向我示意!

很好,我心想,终于有人要发言了!

我用眼神给予默许,女孩回答道:"老师,我想先请你做介绍!"

原本以为,有人带头介绍,下面一定会很顺畅!结果,这个女孩倒把问题抛给了我。不管怎样,很好,我终于听到学生的发言了!

原本我想给大家类似于"我叫某某某,来自哪里……"这样完完整整地给学生做一个自我介绍,但现在看来,介绍不是目的,打开学生的话匣更为重要。

于是,我回答道:"可以,不过我觉得能不能这样:你们想要知道我哪些情况,你们提问,我来回答。这样好不好?"

这次,教室里面举手的学生多了两三个。

"老师,你结婚了没有!"

第一个突如其来的问题,问得我好尴尬,同时也很窃喜!难道我在学生心里这么年轻?我回答道:"我的孩子和你们一般大,今年也上六年级了。"

很多学生眼睛睁大,脸部拉长,一脸的惊愕。

"老师,你是哪里人?""我是江苏淮安人,江苏淮安你们去过吗?"学生直摇头,有学生插嘴道:"我去过北京,跟爸爸一起去北京天安门看升旗。"

一个学生举手回答说:"我家住在淮安小区,听说我们小区就是淮安人帮建的,但淮安到底在哪儿,我没有去过。"

后来我知道,离学校大概 500 米有一个小区,名字叫"淮安小区",是淮安对口援建七师的一个工程项目。

"是的,我们江苏淮安人不仅来这里援建盖楼,如今又派淮安的老师到这里援教,我就是其中之一。同学们,你们知道我们中华人民共和国的开国总理是谁吗?"

一学生抢答道:"周恩来!""对,周总理是我们中华人民共和国的开国总理,是我们的好总理,他就是江苏淮安人。"

教室里的寂静逐渐被打破,如同那 123 团场的蜂蜜被投放到一杯温水里面,渐渐散开。举手的学生慢慢多了起来……

14年,还是15年

"老师,你工作几年了?"一个学生问道。

作为一名数学老师,我可不会直接告诉给学生答案。让学生去寻找,去思考答案,是我最喜欢做的事。

我回答道:"我三年级教过1年,四年级教过3年,五年级教过4年,六年级教过6年,今年继续教六年级,你们帮我算算,我工作了几年?"

一学生回答:"14年!"另一学生回答:"不对,是15年!"其他学生也陷入了思考之中。

我示意回答14年的学生:"你是怎么算的呢?"作为教师,我一直以为,对于学生而言,教师的告知和给予远不如学生的探究和获取重要。

"我是这样算的,1+3+4+6=14,老师应该工作14年了。"我故作明白地点了点头,又示意回答15年的学生回答。

"老师今年继续教六年级,我觉得这一年应该加上去,应该是15年。"我再次点了点头,"原来你是这么想的!"

"大家同意谁的观点?"我把主动权再次交给了学生!

学生你一言我一语地讨论了起来,最终一致同意是14年,因为今年刚开始,应该不算。

班级里举手的学生越来越多了!我一个一个示意学生提问。

"老师,你最喜欢什么颜色?"

"老师,你的QQ号是多少?"

"老师,你多重?"

……

我突然打断了学生的提问,"你们问了我这么多问题,怎么没有一个学生问我姓什么?"顿时学生们感到很不好意思,这么重要的问题,他们竟然给忘记了!"我姓薛",我把"薛"大大地写在了黑板上,同时又加上了拼音"xuē","你们以后就叫我薛老师吧。"

同学们,请做自我介绍吧

"我给大家介绍了这么多,下面轮到大家给我进行介绍了!这样,我们按照顺序来!"我用右手示意右边一列的学生先来。

第一个学生站起来咕噜一句后坐下,第二个学生又站起来咕噜一下,我立即打住。"停,停,停,这样介绍可不行,你介绍时必须让全班同学都听到,最好能介绍一下你的兴趣爱好,最好的朋友,等等。重新开始!"

就这样,学生认真地介绍自己,我认真地倾听着,不知不觉,下课铃响了……

小强,你现在还好吗

一通来自"爷爷"的电话

一个周日的早晨,我接到了一个自称是小强(化名)爷爷的电话:"小强没有回家,从星期五放学后到现在一直没有回家。"

接到电话,作为小强的班主任,我心里立即紧张了起来:两天过去了,小强都没有回家,会不会出现什么意外?我一边劝小强爷爷不要着急,一边回忆星期五放学时的情景。

小强是一个住校的孩子。对于住校生,学校的规定是星期五下午上完两节课,家长来学校接孩子,星期天晚上晚自习之前再将孩子送到学校。周一到周五学生不允许出校门,有什么特殊的事情,可以用学校门口传达室公用电话和家长进行联系。星期五应该是家长来学校接孩子,可是为什么爷爷却说他星期五放学后就没有回去呢?我立即着手调查此事。

我电话回拨了过去,"小强爷爷你好,星期五放学的时候,是谁来学校接小强的呢?"

"我们没人接,都是他自己回去的。"

小强的家在6连,距离团场大约5公里的路程。对于一个刚上六年级的孩子来说,5公里不算是一个很近的路程。会不会小强周末到哪个同学家玩了?我心里想着,并电话联系班长,询问小强平时和哪些同学玩得好。经过了一番打听,后来得知小强住在一个好朋友家里,我的心算是放了下来。

不回家的小强

星期一早晨,我来到了班级,小强已经到教室了。我把小强叫到了办公室。问道:"你周末怎么不回家啊?"小强可能已经提前得知消息,冷静地回答道:"我不想回去!"并将头撇了过去,久久地注视着天花板。

"你为什么不想回去啊?"我用缓和的语气,试探性地问道。

"我一回去,爷爷就会打我。"小强答道,同时眼睛湿润了起来。

原本打算劝劝小强,进行一些教育,让他以后周末按时回家,以免家长操心,事情算是结束。可是和小强的几句简单对话,我发现情况并没有那么简单。

"不行,我要将事情调查清楚再说!"我心里想着。于是,我让小强先回班级上课。

小强的老家在甘肃省陇南市。几年前，因为这边有一个远房亲戚，小强随父母和奶奶一起来到兵团七师123团。小强的老家还有一个大伯，但大伯没有结婚，领养了两个小孩。

小强的爷爷很早就去世了，一家人来到了一个新的地方，还算是幸福地生活在一起。可是就在去年，小强的家里发生了一系列的变故，小强的父亲在一次车祸中遇难，母亲随后改嫁。改嫁的母亲打算带走小强，可是小强的奶奶坚决不同意。就这样，原本有着幸福童年的小强，一下子失去了双亲。不久，小强的奶奶也被车撞伤，虽然命保住了，但大脑受到重创，生活虽能自理，但头脑时而清醒时而糊涂，这让小强童年的阴影又深深地加厚了一层。

原本活泼开朗的小强一下子变得孤僻起来。打开小强的《成长记录册》，一、二年级的班主任评价道："小强是一个聪明、性格开朗的孩子。"三、四年级老师评价道："小强同学很懂事，成绩很好，是全班学习的榜样！"可是到了五年级时，小强的成绩急剧下降，老师的评价栏里写道："希望你能好好学习，不要惹是生非！"

得知小强的遭遇后，我不免对小强生出几分同情之心。第二天，我再次请小强来办公室，并用共情的话语和他进行了交流。

我问："你喜欢你奶奶吗？"

小强回答："喜欢！"

"你喜欢你奶奶，你奶奶身体又不好，她需要人照顾，那你为什么不回去啊？"

小强一下子急了，说道："她不是有人照顾嘛！就是那个老头，那个老头整天不是打麻将就是玩游戏，每天都是我奶奶下地摘棉花。我要是一回去，那个老头就骂我，并用拐棍打我！"原来，小强所说的"老头"就是打电话自称是小强爷爷的那个人，小强的亲爷爷去世早，他奶奶后来又找了个伴儿搭伙过日子，那个"老头"得知小强一家从甘肃老家搬到七师123团，也跟着来了，并且名不正言不顺地成了小强的爷爷。

无论如何，我得让小强回家，即便是这样的一个家！我开导道："爷爷可能性格脾气急躁，他做得可能不对。可是，人无完人，你估计也有一些做得不对的地方吧！"小强不好意思地点了点头。

我说："今晚老师交给你一个任务，你先好好思考，以前你有哪些地方做得不好？哪些需要改正？你把它写下来，并且保证改正。我来跟你爷爷谈，保证让他不再打骂你！"小强没有说话，眼睛低垂着。

一份共同商定的保证书

第二天一早，我问了小强，保证书有没有写好？小强悄悄地取出了夹在数学书里的

一张小纸条。只见纸条上写道:

1. 回家后,我要看电视;

2. 给我买好吃的;

3. 不要在别人面前说我坏话。

是啊,孩子的心理是多么单纯,孩子的想法是多么简单和直接,孩子愿望一旦得以满足又是多么幸福,这就是童年!

拿着这张小纸条,我再次把小强领到了办公室。

我说:"这不是保证书啊,这只是你的需求。当然,你要保证做到什么,才能满足你的需求。我们一起来商量商量吧。"

"第一条,回家看电视可以,但总不能想看就看,或者一直看电视吧,这样不行!"小强点了点头:"那就星期六上午看一个小时,星期天上午看一个小时。"我说这个可以。

"第二条,给你买好吃的,这个要求可以答应,你喜欢吃什么?"我和小强继续聊了起来。"鸡腿,还有橙汁。"小强不假思索地回答道。

"第三条,不要在别人面前说你坏话,是什么意思?"我问道。小强回答:"烦死了,我一回家,那个老头就会跟人讲,说我这个不好,那个不好!他说我不好,怎么还要我回去啊?我烦死他了!"

我接着问:"那你能做到哪些?"小强思考了片刻,没有回答。"扫地、洗碗、擦桌子可以做吗?"小强回答:"这个可以!"

"周末作业什么时候完成?""星期六下午写吧!我星期六下午把作业写完。"

就这样,通过我们的共同商定,一份保证书诞生了。

保证书

只要家里人做到以下几点,我保证周末回家:

1. 星期六上午和星期天上午给我看一个小时电视;

2. 中午给我买好吃的,比如:鸡腿、橙汁;

3. 不许在任何人面前说我不好。

同时,回家后我主动扫地、洗碗、擦桌子,星期六下午写完老师布置的作业。

保证人:小强

2018 年 10 月 18 日

一次失败的谈判

当天下午,我给小强的"爷爷"通了电话,我说:"明天是星期五,明天下午你和小强奶奶一起到学校来接小强回家,我跟小强已经谈好了,他也保证周末回家。但是你要答应我一些条件,明天我们见面再说。"

小强"爷爷"回答道:"好,好,好,什么条件我都答应!"我心想,这件事情就要大功告成,终于可以松口气了。

第二天下午,我来到学校,看见办公室门口站着两个人:一个是高瘦的,手里拄着拐杖的老头;另一个是矮矮微胖,左脑门有一个碗口大的瘪坑的老奶奶(后来得知,那个瘪坑是因车祸留下来的)。

办公室同事告诉我那两个人是来找我的。这就是小强的"爷爷"和奶奶。我叫上小强,和"爷爷"奶奶一同来到四楼一间安静的教室。

小强坐在我的左手边,"爷爷"奶奶坐在我的右手边,我们坐定后,大家沉默了很久。

我首先发话了:"不管以前谁对谁错,过去的事情我们一概不谈!今天下午放学后,小强答应和你们回家,但是他有几个要求,希望你们能同意!""爷爷"朝小强恶狠狠地望了一眼,没说同意,也没说不同意,也许是心想"你个小兔崽子,还跟我谈什么条件!"奶奶微笑着,八成是觉得"我的孙子终于可以回去了!"

我拿出《保证书》,刚读完第一条,只见"爷爷"咆哮起来,吵着一口甘肃话,大概意思就是小强以前在家很随便,想干吗就干吗,让他写作业也不写,还经常顶嘴。

我让"爷爷"冷静,并再次强调以前的事情一概不谈,只要从今天做到就可以!"爷爷"很不情愿地抛出一个字:"行!"

我接着说第二条,还没听我解释,只见"爷爷"又哇哇地说了起来,心里似乎有一肚子委屈。看得出,这个老头是一个脾气暴躁的人!

我接着说了第三条,"爷爷"开始坐不住了,跨过了我,手指着小强,大声喊道:"我什么时候说你不好了?我什么时候说你不好了?"原本依靠拐杖行走的人气得拖着拐杖愤怒地走出了教室,头也不回地走了。

这个老头脾气真是暴躁!但是,我又能说些什么呢?

奶奶坐在那里还是一脸的微笑,不知是见着自己亲孙子高兴的微笑,还是被车撞了之后神志不清留下的微笑?我希望是前者。

懂事的小强,看了看我,又看了看奶奶,说了一声:"今晚我跟奶奶回家!"奶奶满口答应:"好!好!"

向大伯求救

眼看10月就快结束,11月份来了。新疆的天气就是奇怪,10月还是穿着短袖的衬衫,11月竟然下起雪来,而且是隔三岔五地下。

班上的同学已经穿上厚羽绒服,可小强还是穿着一件薄薄的校服,畏畏缩缩的。我看在眼里,疼在心里。我问小强冷不冷,他干脆地回答:"不冷!"

作为老师,我怎么办呢?

家庭的缺失只能通过家庭来弥补。

我想到了小强这边有一个远房的亲戚,看看能不能给予点帮助。于是,我跟小强说,"听说团里有你老家的一个亲戚,你们有联系吗?"小强说:"她是我大姑(不是亲姑姑),很少联系!不过,我有她电话。"

我拨通了小强大姑的电话,当我介绍说是小强的老师时,小强大姑倒向我诉起了苦衷:"老师,他家的事我们也管不了!他奶奶那么大岁数,孙子也根本问不了,当初小强妈要把小强带走,他奶奶死活不同意。去年小强奶奶出了一场车祸,人家赔了8万块钱放在我们这里,他爷爷天天逼他奶奶到我这里拿钱,你说那钱我能给他吗?那是她以后养老的钱,那是小强以后要用的钱!零零散散已经拿去1万多了。我好心替她保管,他们倒好,反而对我一肚子意见。他爷爷整天好吃懒做,什么事也不干,还整天打他奶奶,但两人还要在一起,他奶奶也糊涂。哎,不过他奶奶也没办法,现在脑子撞伤了,时而清醒时而糊涂,人老了总得有个伴,有个照应!唉……"

我静静地听着,一句话也没说,只是要了小强大伯的电话。小强大姑说:"老师,我让他大伯打电话给你吧!"

2018年11月22日,按二十四节气说,这天是小雪,但这里却下起了一场大雪。我接到了小强大伯的电话,电话里说了什么,我一句也没有听懂(很地道的甘肃话),只听出他是小强的大伯。

我找到小强,回拨了电话,让小强跟他大伯说。

通完电话,我问小强:"大伯和你讲了什么?"小强回答:"大伯要接我到甘肃老家上学,下周就来,我奶奶跟我一起回去。"

从小强的眼里,我看出了小强是多么期盼他大伯的到来。

外面的雪不停地下着,天气格外的寒冷!屋里开着暖气,很是暖和!但此时的暖和不仅是由暖气带来的。此刻暖和的感觉不仅小强有,我也深深地感受着。

小强,一路顺风

2018年11月26日,小强大伯来到了学校,我问了小强大伯转到哪儿上学,他大伯拿出了接收学校的证明,证明上写了学校是:甘肃省宕昌县贾河乡雪岭小学。

我协助小强大伯办好了转学手续。

就这样,小强大伯带着小强走了。雪地里留下了两双脚印向远处延伸开去,一双是大的,一双是小的。逐渐,逐渐地消失了……

喜欢的书,尽管拿

"保管"500本图书

因学校图书室容纳不下全校的图书,学校要求每个班临时保管一部分图书。经测算,每班分配500本的"保管"任务。为此,2018年10月18日下午,学校临时召开全校班主任老师会议。会议强调几点要求:

(1)设置班级"图书角",用于存放这500本图书,学生可以阅读,但弄丢需照价赔偿,要求班级有专人负责图书管理,负责图书的整理、借阅等工作;

(2)做好图书备案,严格按要求做好图书的录入工作,录入栏目有:正题名、第一责任者、分类号、每套价格、合计人民币、尺寸开本、页码、ISBN、出版者、馆藏位置等信息。

回到班级,我让班长安排学生到学校图书室领图书,同时安排学生对领回来的图书做好图书登记工作。

书是用来读的

习近平总书记说:"房子是用来住的,不是用来炒的。"柏拉图在《政治学》一书中写道:"鞋是用来穿的,不是用来看的。"我想说:"书是用来读的,不是用来当摆设的。"其实,不管什么东西,我们应当发挥他最大的价值,这才是最重要的。

500本图书领回来了,我让学生按照每10本一摞,在教室前面一字排开,不排不知道,排开后发现,它们足足占满了黑板下方的地面,正静静地"躺"在那里。我可不想让它们就这样"躺"在那里,得让它们"动"起来。

"同学们,这500本图书,我们怎么办呢?"我问了学生。孩子们开始讨论了起来。

"薛老师,我觉得,我们应该选一个图书管理员,小丹同学心很细,我推荐她做我们的图书管理员。"班长首先发话了。不愧为班长,从管理的角度给了我一个图书管理的方案。

我接着问学生:"想看这些书的同学,请举手!"学生齐刷刷地都把手举了起来。看看大家对知识渴求的目光,我的心里莫名地感动。

"既然大家都想看,这些书我打算就给你们看!"教室里顿时响起了热烈的掌声。

班长又发话了:"不行,薛老师,大家想看可以,但是要有专人负责管理,否则书弄丢了怎么办?"我说:"没有关系,大家只要喜欢的书,尽管拿走!"同学们一脸的疑惑,心想竟然还有这等好事!"不过你们要等到学期结束时才能拿走自己喜欢的书,到时就算我送给大家!因为,你现在拿走,别的同学就看不了了!"我补充道。

"现在,我们需要将这500本图书移到后面的图书角,哪些同学愿意帮忙?"

很多学生把手举得老高!我找了几个力气大的学生充当"搬运工"。看着这些"搬运工"小心翼翼地"搬运"着,能看出他们对图书是多么热爱!有几个女生还自觉地将运来的图书按照图书大小进行了整理摆放。

不一会儿,500本图书按照"从高到矮"的顺序整齐地"站立"在图书角里,似乎在等待着"检阅"。

淮安朱先生寄来的一包图书

当天晚上,我在我的微信朋友圈发了一个动态:

苏霍姆林斯基说:"每个老师不管他教什么,他首先应该是一个语文老师。"

作为一个教数学的班主任,我认为他说的有道理。支教学校的孩子没有手机,没有iPad,他们信息摄入渠道非常窄乏。

昨天班级一下子多了500本图书,这一"意外"的降临,验证了高尔基的那句"面包"名言。虽然背上"保管"的名义,但既然来了,就不管那些了!

孩子们,这些图书,你们想看就看,想拿就拿吧!这里没有图书登记管理员,只有图书整理员!

老师坚信,能被你拿走的书一定是你非常喜欢的书,要是有什么,大不了老师替你们赔偿!哈哈!

动态一发出去,点赞无数!淮安的一位姓朱的先生看到了我的朋友圈,又免费为班级寄了一大箱图书,让我感动不已!

小板子,大作为

10月22日,周一,新的一周开始了。看着图书角里的"队伍"没有变短,我就明白学生对这批图书并不热衷。

为什么会这样?上周学生积极性不是很高吗?我把班长叫到办公室,问他究竟是什么原因。

班长说:"有的同学课间会去图书角看看,上课时就把书放了回去。有的同学看图书角人多，也就不去看了。"

是啊！原本不大的教室，后面除了放了笤帚、簸箕、推雪板等洒扫工具外，如今又辟出一块图书角。要想在图书角看书，真的是很困难！这个细节，我怎么没有想到呢？不行，我得想一个解决的办法！

我想到了我读大学时到图书馆读书的情景。20年前，我就读于徐州师范大学，学校有一个很大的图书馆叫"敬文图书馆"，里面有很多图书，在那里我一待就是半天。图书馆对学生免费开放，只要凭学生证就可以阅读图书馆里的任意一本图书。图书馆每个阅览室的门口都有一个塑料筐，筐子里面放了很多竹板，每两块竹板用一根橡皮筋扎在一起，标上相同的序号。学生进阅览室后自觉带着用橡皮筋扎好的竹板，选好自己想看的图书，用其中的一块竹板放在取出图书的位置，另一块竹板自己保留。等看完后放回图书时，只要找到那块竹板，并且核对这两块竹板的序号是否一致，一致后取出竹板放回图书。离开阅览室，只要将这两块竹板扎好放回框子即可。这样的竹板，我们后来给它起了一个名字叫"替书板"。

这样的"替书板"为何不将它"改良"一下在我班应用呢？下午，我召开了一节如何制作和使用"替书板"的班会课。

班会课开始了，按照正常的程序是德育处王主任将本周需要完成的工作在班级的广播里播报一遍，然后班主任自主安排班会课。为了检验学生听得是否认真，广播结束后，我总是随机请学生将王主任强调的要求说出来。因此，每次班会课前的广播，学生听得都很认真。

广播结束后，我开始说话了！"上周班级设置了图书角，看到图书角的书基本没动，原以为大家读书的积极性并不是很高，后来我观察发现，不是大家不想看书，而是因为图书角地方太小了。为了解决读书难的问题，我给大家想了一个好办法！"同学们很是期待我的回答。

"我们只要每人准备一块像文具盒一般大小的板子就可以了，不管什么板子都可以，只要硬一点的就可以！"学生们一脸疑惑，不知我葫芦里卖的是什么药。

我接着说："大家选好自己喜欢看的书，从图书角取出后，用准备好的板子插到你取书的位置，这样你就可以把书拿到自己座位上看！看完后，找到你的板子将书放回，就可以了。"

"薛老师，书可以带回家看吗？"一名学生问道。

"当然可以！"我回答。"但是，不管是在自己座位

孩子们在挑选自己喜欢的书

上看,还是带回家看,大家一定要保管好图书,不要损坏它!"我补充说。

一个简单的小板子,解决了读书难的问题。

因为有了图书角,有了可以自由阅读的时空,有了"替书板"的作为,学生渐渐喜欢上了阅读。

再见,孩子们

一个"不好"的消息

2019年2月22日,农历正月十八,周五,淮安的孩子已经开学一周了,但七师的孩子还没有开学。

无事的我翻看微信朋友圈,一个朋友转发了《人民日报》微信公众号的一篇题为《泪目!支教老师千字长文:我自此再没去过阿勒泰……》的文章,点开后,我读了一遍又一遍,文章写得感人肺腑,我读得感同身受,并转发到了我的朋友圈,写下了这样的一句话:文字里流淌着多少熟悉的画面,明天我将继续前去……

2月23日,我结束寒假返回新疆。从涟水机场出发,下午到了乌鲁木齐地窝堡机场,正赶上"老袁大巴"(每天往返于123团与乌鲁木齐的大巴车)。

在大巴车上,我收到了六(1)班班主任焦晶萍老师给我发来的一条微信:"薛老师,这个学期你不用代课啦!"

我不解地问:"为什么啊?"焦老师回答:"这个学期学校让你组建一个名师工作室,我想加入你的工作室。"

关于组建名师工作室的事,上个学期在淮安七师"教育心连心"活动期间,邓副校长曾跟我说:"下个学期,我打算请你组建一个名师工作室。"估计这个学期,学校把这件事付诸实际行动了?

在那次活动中,我还为全体老师做了一场题为"如何做一名幸福的班主任"的专题讲座。我找到了当时讲座的录音,进行了如下整理,也算作一份资料保存吧!

各位老师,大家好!很高兴有这样的一个机会,和老师们聊一聊跟班主任有关的话题。有一位老师说,做班主任很幸福,因为做班主任有这样的10点好处:

1. 有助减肥成功。对于想要保持苗条身材的女性班主任来说,这无疑是一个福音。因为你们会发现,自己经常会被气得头晕眼花、食欲大减,对于"气饱了"这三个字大家将会有非常深刻的体会。长此以往,减肥成功不就指日可待了吗。

2. 克服失眠困扰。当了班主任之后你就会发现,绝对不会有失眠的困扰,每天都会

我在淮安七师"教育心连心"活动上做讲座

累到倒在床上就能睡着。

3. 减少看病次数。大部分老师在当了班主任之后会明显减少看病次数。主要原因是担心因看病而离开这段时间班里不知会发生什么状况。

4. 锻炼超好口才。任何不善言辞的人做了班主任之后都会觉得自己的舌头越来越灵活，口才越来越好，肺活量越来越大。

5. 练就变脸功夫。五分钟之前还在训斥学生，五分钟之后就笑容可掬地上课；在教室里刚刚大发雷霆，回到办公室里就可以谈笑风生。

6. 提高组织能力。几乎班级的每一项活动都需要班主任的参与和组织，处处可见班主任的身影，千锤百炼之下磨炼出较强的组织能力。

7. 学会人际交往。如果一个老师教两个班的课，再加上做一个班的班主任，面对两个班的学生和两个班的家长，另外还有本班的其他任课教师，本年级的同事，德育处和教务处领导，等等，都要打交道。人际交往能力会得到很好的提升。

8. 增强集体观念。做了班主任之后，你会发现自己的名字将永远和一个班级联系在一起，我们经常听到："××老师，你们班怎么回事啊？""××同学，去找你们班主任去！"在这种情况下，想没有集体观念都不可能。

9. 加强竞争意识。就算你不喜欢把自己的班和别的班作比较，不喜欢把自己的学生和别的学生作比较，同事们、领导们，包括学生和家长也都会作比较。

10. 修炼钢铁意志。因为做完几年班主任工作之后，相信没有什么事情可以难倒自己了。

这10条所谓的"幸福观"，明白人都知道，这哪是什么幸福啊！（每说一条，老师们都发出笑声）

《老人与海》的作者——海明威曾说过这样一句名言：生活总是让我们遍体鳞伤，但到后来，那些受伤的地方一定会变成我们最强壮的地方。

作为班主任，即使我们小心翼翼地工作，有时也难免受伤。当我们一路走来，再回过头看，你会发现我们的班主任经历就是海明威所说的"最强壮的地方"。

今天，我跟各位交流的话题是"做一名幸福的班主任"。如果听完了我的讲座后，原本认为做班主任很辛苦，现在认为，做班主任很幸福，或者说做班主任有一点点幸福，或者做班主任不那么辛苦了，那对我来说就是莫大的欣慰。

有人要问："世界上最小的主任是什么？"回答是："班主任。"也有人要问："学校里最苦的差事是什么？"回答仍是"班主任。"在一个学校里，班主任不仅是班级的管理者，而且是班级的组织者和领导者，班主任的工作真的无法低估。

因此，对于"做一名幸福的班主任"这样的一个话题，我想我们要思考这样的一些问题：什么是幸福？班主任的幸福在哪？我们怎么做才能成为一个幸福的班主任呢？

何谓幸福？有人说：幸福很简单，每天吃好、睡好，无忧无虑、开开心心就是幸福。其实，幸福真的不是那么简单，每天吃好、睡好就真的幸福吗？每天无忧无虑、开开心心就一定幸福吗？天天吃好睡好，你会觉得生活很无聊，突然哪一天让你大汗淋漓干一天活，你会感觉非常痛快；每天无忧无虑、开开心心那是孩子们所要追求的，一个成年人天天无忧无虑，在别人眼里会认为这个人是不是出什么问题了。因此，回答何谓幸福并不是一件容易的事，如果对"幸福"一词不能很好地回答，那么对"幸福的班主任"的理解则会偏离了方向。

幸福，有这样的一种理解，是指一个人的需求得到满足而产生的愉悦和稳定的心理状态。并且有人给幸福列了一个公式：幸福（S）＝幸福感（I）×时间（T），幸福感（I）＝幸福商（R）×满足感。我是认同的！

公式中，要回答什么是幸福，得先回答什么是幸福感。幸福感是由幸福商和满足感相乘得到的。不同的人满足感不同，同样的一件东西，有的人得到了会很满足，有的人却不以为意。比如，一件衣服，给了没有衣服穿的人，他会很满足；但给了一个不愁吃不愁穿的人，他会觉得无所谓。因此，不同的人可能会存在着不同的满足感。

幸福商是指外界的一种衡量标准。比如，以前的物质稀缺，东西坏了，总是修修就行，修好就认为很好，生活安稳，日子幸福；现在物质丰富，东西坏了，总想换新的，不换就不开心，生活矛盾，日子不幸福。以前的幸福商（一种衡量的标准）与现在的幸福商（另一种衡量的标准）发生了变化，这种变化引起幸福感的变化。因此，一个人的幸福感的获取来自外界的幸福商和主体的满足感。一个幸福商不高、满足感不强的人，一定是一个不幸福的人。

当然，幸福感不等于幸福。因为，幸福（S）＝幸福感（I）×时间（T）。我们如果能够满足于现在的生活每天开心地生活着（满足感），也在为心中的幸福在未来的道路上前进着（幸福商），今天比昨天进步一些（时间）。那么我们就是一个幸福的人。

那么幸福的班主任应该是一个什么样的班主任呢？我想用一个词来概括，这个词叫——"甩手掌柜"。当然，"甩手掌柜"不是我说的，这个词出自全国著名的教育专家——魏书生之口。全国著名教育专家魏书生老师曾说过："做教师而不当班主任，那真是失去了增长能力的机会，吃了大亏。"

我是喜欢做班主任的老师，在日常的班级管理工作中也积累了比较丰富的班级管理经验，在多年的班主任工作中，我就像学生的贴心朋友，与学生同舟共济，寻找合理途径，共同面对困难和挑战，形成了很多自己感觉比较适宜的班级管理方法，自己也在当班主任的过程中体验到了实实在在的成就感和做班主任的幸福。魏书生曾同时做校长、两个班的语文老师、两个班的班主任。我们一起来看一看，魏老师是如何做这个"甩手掌柜"的。

视频1：我当班主任其实很简单，146位学生都是我的副班主任。我这两个班146个人，146个学生都是我的语文教师助教。我20多年来，这个观念也说了20多年了！我带班最要紧的一个思维就是：凡是普通同学能干的事班委不干，凡是普通班委能干的事班委不干，班长能干的事谁不干啦？我就不干啦！越是这样，一级一级往下落实事情，那么当班主任这个活才能真的变成一种脑力劳动，而不是体力劳动。有一次，一个老师介绍经验（我们学校的）说："为了给学生节省时间，我天天早晨早早来到学校扫地呀！"我说："你这叫开玩笑！你以为是好事啊，你剥夺了学生扫地的机会，阻碍了人家增长能力，不是啥好事！"凡是学生能干的事，老师决不能替人家干，然后人家才能增长能力！

视频2：我当20多年班主任，从没摸过学生钱。那收费怎么办啦？班费怎么办啦？学费怎么办啦？书费怎么办啦？……非常简单啊，生活委员干啥的？他不管班费的嘛！连收带花带支带保管带公布不就完事了嘛。那学费呢？班长承包收学费！那书费呢？书费那么多，学生收丢了怎么办？丢了那就是老师的事了，老师负责教会学生不丢。谁收书费？学习委员承包收书费。我第一届学习委员，他刚入学，不懂这个规矩。我说："你替我开会去！"我知道那是收书费的会，回来以后，"魏老师啊，两个学期书费一起收，一共多少钱啦。老师，您什么时候收啊？""我收？我从来没有干过这个活。""那谁收啊？""谁开会谁收啊！""我收那么多钱，我能收吗？""有什么不能收呢？这么简单的事啊，就你干了！"他对学生说："同学们，你得拿钱啦，一人多少钱啦，什么时候收啦。"

到第二天，他到一个一个座位上正准备收，我说："你干什么？""老师，我收书费。""哪有这么收书费的？""那怎么收啊？"我说："我原来的学习委员从来不这么收书费，人家一直是拿手表收书费。""老师，别开玩笑了，手表能收书费吗？"我说："当学习委员，连这点弯都转不过来！我不管你，反正不许你用手收！"学习委员都聪明，站在那里眼珠滴溜滴溜转，转完了想明白了。走上讲台，拿出手表，开始宣布："全班同学请注意，各小组组长请注意，请各小组组长站在你们组左侧，下面我们要开展收书费比赛。我公布比赛规则，本次书费两个学期一个人××钱。要求每个小组组长准备一张16k白纸，写上你们小组缴费人的名单、缴费的钱数、总钱数，收完了钱用这16k纸把你们小组的钱包起来放在讲桌上算完成任务。听清了吗？各就各位，预备……"我说："停，你先别开始！我看看魏老师接班，第一个学期，第一次收书费，究竟准确的时间用多少？刘玲啦，你再掐表，两个人掐表不就更准一些吗？"老师们您猜，最快的小组用了多长时间？刘洋小组，1分15秒把钱"哐"地往讲桌上一放完成任务，刘洋现在在新加坡公费留学呢！大学选送过去的。最慢的小组1分45秒交完。五摞钱朝讲台上一放。学习委员一下就把钱收完啦！拿起一沓来刚想数。我说："你干什么？""老师，我想数！""你傻啦！""老师，不数怎么办啦？""你当大官的，要有个像大官的样子！上级别干下级的活，你领着这五个小组的组长到学校缴费，谁少了谁赔不就完了嘛！"人家小组组长才明白，闹了半天，大官连数都不数啊！咱赶快再数一遍吧！大家想想看，马上再数一遍，如果出现问题，那不当场就找回来了嘛！没问题，去交钱了。五个小组组长手拽着那钱，拽得紧紧的，别说丢失啊，别人抢劫都不知道从谁入手。

老师是干啥的？老师就是教会学生干这些事的。所以我这个班主任一进班级就觉得没啥事干……

（视频1和视频2均为魏书生原话，我一字不落进行了整理）

看完了这两段视频，不知各位班主任有怎样的感受？我的第一感觉就是，魏老师是一位幸福的班主任。为什么呢？我们可以对照幸福的公式。魏老师是一个善于满足的人，做班主任的魏老师说，凡是班长能干的事，他坚决不干；做校长的魏校长说，凡是副校长能干的事，他坚决不干；做了教育局局长的魏局长说，凡是副局长能干的事，他坚决不干。魏书生说他只做服务工作，把班长、副校长、副局长服务好。这样的人，我们还不说他是一个善于满足的人吗？

魏书生老师曾说过，他在东北生活时，冬天零下二三十度，竟然在没有暖气的情况下过完一个冬天，他的妻子和孩子冻得受不了搬回娘家住。说有一次记者采访他冻得受不了后走了。现在我们新疆的最冷已经到零下二十几度了，我们有没有谁家没有开暖气过冬的？就是在那样的情况下，魏书生仍是在乐观地工作。由此我说，魏书生是一个幸福感极高的人。用"幸福感(I)×时间(T)＝幸福(S)"这个公式来对照，魏老师曾做过二十多年的班主任，重要的是他的二十多年的班主任经历着高幸福感。因此，我们有理由相信，魏老师是一位幸福的班主任！那么魏老师的幸福班主任的秘诀在哪里？他形象地说他是一个"甩手掌柜"，我觉着魏老师这个"甩手掌柜"做的是有智慧的！说到"智

慧"一词,我想到了两个案例,拿来与在座的班主任老师一起分享:

案例1:合格率的检查制度。"二战"期间,美国空军降落伞的合格率为99.9%,这就意味着从概率上来说,每一千名跳伞的士兵中会有一名因为降落伞不合格而丧命。军方要求厂家必须让合格率达到100%才行。厂家负责人说他们竭尽全力了,99.9%已是极限,除非出现奇迹。后来军方就改变了检查制度,每次交货前从降落伞中随机挑出几个,让厂家负责人亲自跳伞检测。从此,奇迹出现了,降落伞的合格率达到了100%。

案例2:地狱和天堂的故事。有一位行善的基督教徒,去世后向上帝提出一个要求,要求上帝领他去参观地狱和天堂,看看究竟有什么区别。他们到了地狱,看到一张巨大的餐桌,摆满丰盛的佳肴。心想:地狱生活不错嘛!过一会儿,用餐的时间到了,只见一群骨瘦如柴,奄奄一息的人围坐在香气四溢的肉锅前,只因手持的汤勺把儿太长,尽管他们争着抢着往自己嘴里送肉,可就是吃不到,又馋又急又饿。上帝说,这就是地狱。

他们走进另一个房间,这里跟地狱一般无二,同样飘溢着肉汤的香气,同样手里拿着的是特别长的汤勺。但是,这里的人个个红光满面,精神焕发。原来他们个个手持特长勺把肉汤喂进对方嘴里。上帝说,这就是天堂。

智慧,能让不可能变为可能,美国空军降落伞的合格率为99.9%已是极限,不可能达到100%,是军方的智慧让99.9%变为100%;智慧,能将地狱变为天堂,同样在巨大餐桌上摆满了美味佳肴,同样是手拿长长的汤勺,是智慧将骨瘦如柴变为红光满面,精神焕发;智慧,还能让不幸福变为幸福,作为班主任的我们,在工作中,去运用我们的智慧吧!我们有理由相信:一个智慧班主任一定是一个幸福的班主任。

俄国教育家乌申斯基说:"不论教育者是怎样地研究教育理论,如果他没有教育机智,他不可能成为一个优秀的教育实践者"。教育是一门艺术,它不是简单的聪明,而是灵活的智慧。当一个人的知识增加时,他的智慧也在随之提高,智慧的建筑需要基础材料,智慧的敏锐取决于丰富的知识和实践。教师的教育机智是教师在教育、教学过程中,对学生活动的敏感性,能根据学生新的特别是意外的情况,迅速而正确地作出判断,随机应变地及时采取恰当而有效的教育措施解决问题。

大家都听过陶行知的"三块糖"的故事吧。

教育家陶行知当小学校长时,有一天看到一个学生用泥块儿砸自己班上的同学,当即喝止他,并令他放学时到校长室里去。

放学后,陶行知来到校长室,这个学生已经等在门口了。可一见面,陶行知却掏出一块糖送给他,并说:"这是奖给你的,因为你按时来到了这里,而我却迟到了。"学生惊异地接过糖。

随之,陶行知又掏出一块糖放到他手里,说:"这块糖也是奖给你的,因为我不让你打人时你立即住手了,这说明你很尊重我,我应该奖给你。"那个同学更惊异了。

陶行知又掏出第三块糖塞到他手里,说:"我调查过了,你用泥块儿砸那些男生,是因为他们不守游戏规则,欺负女生。你砸他们,说明你很正直善良,有作斗争的勇气,应该奖励你啊!"那个同学感动极了,他流着泪后悔地说:"陶校长,你打我两下吧!我错了,他们毕竟是我的同学啊!"

从这个故事中,我们发现陶行知先生在处理这个事件的过程中,没有使用任何的批评性语言而是采用了表扬的方式。在案例中陶行知先生一共表扬了三次:第一次表扬学生的诚信,遵守约定按时来与他见面;第二次表扬学生尊敬师长;第三次表扬学生的正义,能够仗义执言,帮助弱小的同学。

在这三次的表扬过程中,我们能够感受到虽然奖励、表扬的方式都是一样的,但其中分量最重、含义最深的是陶行知先生对这个孩子的第三次表扬——表扬学生自己认识到了在整个事件中所犯的错误,也就是学生对自己的自我教育。

自我教育是指个体自我的精神交锋,它通过个体主体以肯定或否定的形式来自我调节,是个体或坚持或放弃或调整自我的重要信念、想法或行为,是自我作出更加合理的选择。

在这个故事中,陶行知先生处理得十分巧妙,在遇到这个事件的时候,陶行知先生没有采用大多数教师常用的批评教育、讲道理、纠正学生的错误行为等方法使学生认识并改正自己的错误,而是给了学生一个充分的时间。在这个时间内,我们可以想象到这个孩子的内心一定是矛盾的,他一定会思考陶行知先生找他的原因是什么,会对他说些什么。这样便形成了一个自我的精神交锋。这个学生已经不是低年级的学生了,他有一定的判断是非的能力,从多方面、多角度思考之后,他便认识到了自己的错误,这也就是我们常说的一个自我教育的过程。

自我教育是一个学生的自我教育,是一个学生自我内心体验,他是学生自己认识并纠正不良行为的过程,它比教师采用说教而使学生纠正不良行为的效果要好很多。再者它是一种内心体验,是学生自己认识到的,所以在今后的日子里,如果这个孩子再遇到类似的事件,当他要解决事件时,内心就会有一个正确处理事件的航标,而不会再犯同样的错误,这个事件对他今后的健康成长也有一个铺垫性的作用。对于做坏事的孩子采用奖励的方法来解决,这其实就是智慧的体现。

高尔基说过:"爱孩子,是老母鸡都会的本领,而教育孩子则是件大事。"很明显,爱孩子是教育者首要的素质,是做好班主任的前提。没有了爱,教育将变成一潭死水,毫无生机和意义。但是,作为教师,光有爱是远远不够的。教育孩子,不能乱爱,需要方法、技巧。试想,有哪一个家长不爱自己的孩子?可是越是被溺爱的孩子,越难以管教,成长越容易出现问题。因为他们的爱缺少智慧,缺少科学的教育观念和方法。苏联教育家兼心理学家赞可夫说过:"不能把教师对儿童的爱,仅仅设想为用慈祥的、关注的态度对待他们。"理智的爱应该是深刻的,不仅关注其智力、习惯,更关注其情感;不仅关注其表面行为,更关注其内心所想;不仅关注学生的今天,更关注他们的明天。这种深刻的爱,来自教育者深厚的教育思想。教师应该像淘金者一样有信心、有耐心,不为表面的沙砾困扰,慢慢地去除沙砾,最终才能看见闪光的金子。

　　对班主任而言,爱心是工作的基础,但更需要一颗智慧的爱心。因为我们面对的是一群需要引导、帮助的孩子,没有爱心,就不能承担工作;而只有爱心,不求方法、策略、技巧、规律,就难以开展工作。相信每个班级里或多或少都会有几名学习有困难的学生,教师常常把他们作为重点关注对象,上课提醒他们听课,有时间便给予个别辅导,发现有点进步便鼓励……但是一学期下来,我们往往发现这些学生大都未能从根本上改变,有的甚至收效甚微。原因何在?爱心不能包治百病,爱心更不能解决所有的学生教育问题。

　　解决教育中各方面的问题,教师的爱心固然重要,但起决定作用的还是教师的专业能力。在日常教育中,班主任最重要的任务是在全面接纳、包容的基础上,引导学生深入具体地分析,使他对自己的心理问题、智力类型、思维方式等有比较清楚的了解,然后帮助他找出困难所在,制订补救和突破的措施、方法,进而一步步建立自信,走向成功。其中所体现出的教育智慧,是班主任能否走向优秀的关键。

　　比如,学生在一起相处久了,难免产生矛盾。有两个同学因为一点小事情发生了冲突,争吵了起来,甚至拳脚相加。这种情形,相信很多班主任都不陌生,但是仅凭对弱者的关爱、强者的宽容能解决问题吗?当然不能,因为这样做并没有教给学生处理矛盾的方法。有时,我们对弱者的关爱甚至会演变为一种依赖,最后异化成一种伤害。班主任对学生的关爱,归根到底是为了促进学生的发展,而不是仅仅停留在感动层面。这里的"爱",是心灵对接的"触发点",后面有效的措施和持续的行动,才是真正促成学生正视问题、认识错误、自我转化的"良药"。

　　面对这种情形,有一个班主任是这样处理的。课堂上,他突然问学生:"喜欢看电视吗?"学生面面相觑,不知道班主任葫芦里卖的什么药。于是,他不紧不慢地将电视上的一个公益广告词写在黑板上,并让同学们分角色朗读。

　　女:哎,你挤什么挤,没长眼睛啊?

　　男:年纪轻轻的,怎么不说人话?

　　女:哎,你挤着我了,你……

　　男:怎么着?来劲了,是吧?

　　老者:算了,算了,年轻人!把心放宽,就不挤啦!

随后,老师自顾自地念叨着"把心放宽,就不挤了",那两个孩子早就明白了老师的用心:同学之间不应该这样斤斤计较,而要学会宽容,学会谦让。就这样,一段广告词,就让矛盾消弭在无形之中。

一位班主任在上课时,发现一个女同学没有认真听课,而是在埋头写什么。班主任走过去将她写的东西收起来一看,原来是写给一位男生的纸条。看着上面情意朦胧而又稚气未脱的话,班主任忍不住笑了,这一笑引起了全班同学的好奇心,几个调皮的男生大声喊:"老师,念出来。"写纸条的女同学低埋着头,满脸涨得通红,而全班同学却好奇地期待着。老师说:"你们真想知道?"学生一致点头,老师随即打开纸条,大声念道:"听老师的话,做一个好学生!"班里哄的一片笑声,那位女同学大大地舒了一口气。课后,这个女同学给班主任一张纸条,很快跑开了。纸条上写着:"老师,你是我所见过的最聪明最美丽的老师,我一定会记住您对我的期望:听老师的话,做一个好学生!"

下面我将自己的班主任工作以及我所看到和想到的与大家一起分享交流,希望今天的交流能给大家带来一些启发。

记得,一个星期一的早上,我来到了班级,叫了包天玉过来,包天玉是我班的劳动委员,他听到我叫他,就过来了。问:"老师,你叫我有什么事?"我说:"你想啊!"他想了一会儿,终于想出来了,不愧为班级干部。他说:"老师,你叫我,是不是问值日生有没有打扫的事啊?我已经全部安排好了!"我说:"你安排了谁值日,你就一定保证他们在值日吗?他们值日时如果不认真怎么办?打扫不干净怎么办?他们值日时,你也不要在边上监督,只要求值日生值日完了向你汇报,没有汇报就算没有值日。等向你汇报后,你再检查,不合格再重新打扫,直到合格为止!"从那天以后,值日生有没有向包天玉汇报我不知道,反正包天玉每天向我汇报。

还有一次,王主任通知说师局明天来校检查工作,要求班主任安排好室内外卫生打扫,同时针对六年级,又临时安排了一些打扫的地方。劳动委小包同学主动出击,不管室内外卫生安排的,还是临时安排的打扫区域,工作做得妥妥帖帖。对于临时安排的打扫区域,他向全班同学说:"我现在需要10个人,谁愿意跟我一起去?"只见班级唰唰举手了一半。他说:"平时表现不好的不要,×××,你把手放下!"这样,选了10个人跟他下楼去了。到了楼下打扫的地方,他在需要打扫的水泥地上画线进行分工,从这条线到那条线是你的,从那条线到另一条线是他的,正好10块区域。现在我知道他为什么要选10个人了。"你们干好了,向我汇报,我给你们加分。"我发现,加分这一套对我班的学生来说还是蛮管用的。不知道德育处给班主任的考核采用加分管不管用?不知道他说的加分是干什么的,至今也没向我汇报。也不管他了,只要他把卫生搞好了,等学期结束向我提条件我也答应。

开学这一个学期来,不管是班主任工作,还是教学工作,我们发现新疆的孩子和淮安的孩子最大的不同是新疆的孩子在课堂上不太爱说话,也不太爱举手。提问一个不说,提问另一个还是不说。而淮安的孩子,老师的问题出来了,个个把手举得很高,有的甚至跑到老师面前举手。相比较而言,新疆的孩子在文明守纪方面比淮安的孩子要好得多得多。但在自信心、独立思考、敢于表达等方面,淮安的孩子要比新疆的孩子要好。因此,我想如果我班的孩子在我这一年的教育下,个个都能喜欢思考、喜欢表达,那不是一件很有价值的事吗?因此,上课前的一两分钟,我进行开火车,每人都要说话,一句也行,两句三句也可以,实在无话可说,就说:"我什么都不想说。"说完就坐下,下一个接着说,但有一个条件就是说话时要让全班学生都能听到。第一次时,全班39人,有35人说了"我什么都不想说"。但这又有什么关系呢?因为每一个人说话的声音全班都能听到啊!经过了一段时间,"我什么都不想说"逐渐地被"我今天心情很高兴""今天星期五,放学后,我想早早回家!""我们家的猫咪生小猫了,我很高兴""今天爷爷给我买好吃的了"取代。经过一个月的时间,我明显地发现我班学生与开学初相比精气神足了,眼睛也有光了。

开学后的几周,每次做完操后,我总能见到我们班有几个学生在操场上跑步,大家可能不知道什么原因,我自己也不知道什么原因。难道我班学生这么喜欢体育,抓住点滴时间在锻炼?有一天,做完操后,我忍不住问了班长王家乐:"他们为什么在跑步啊?"班长王家乐告诉我:"他们是被我罚的,学校要求做操期间要戴红领巾,这几个人总是不戴,凡是没戴红领巾的人,每人跑5圈,跑不完放学后接着跑!"他这一招还真不错,既惩罚了人,又锻炼了身体,也不知道跟谁学的。我觉得这个办法不错,就建议他,如果有人违反了其他方面纪律,也可以让他到操场跑步。他接受了我的建议。

老师们,幸福是一种很自我的感觉,也许在常人眼里看来很寻常的小事,在体验者的心里就是一种幸福,从中可以品出快乐的滋味。早晨走进教室,听到琅琅的读书声,你应该幸福;看到学校常规评比,班级获得流动红旗,你应该幸福;看到经过师生共同努力,班级被评为"星级文明班级",你应该幸福;看到顽劣异常的学生也认识到要好好读书时,你应该幸福;看到学生在随笔中对你的一句称赞,你应该幸福……时常觉得当班主任很累,但每天看到孩子们的进步,所有的付出和辛酸都融化在这幸福之中了。这时的我会满怀欣喜地说:"我是一个幸福的班主任!"

老师们,就在今年的9月10日,教师节当天,马云宣布不再担任阿里巴巴集团董事局主席。马云不做阿里巴巴的总舵主,而干吗去了呢?马云去做老师了。我们现在应该称他为马老师!既然连马云都想去做老师,作为老师的我们,为什么不去挑战一下班主任工作呢?相信运用我们的智慧,一定能做一个幸福的班主任!

感谢大家的聆听,谢谢大家!

思绪继续回到我和焦老师的对话。

"哦,那现在谁是六(4)班班主任啊?"我继续问道。

"是王文红老师,从中学部过来的一位老教师。"焦老师回答说。

我从学校的"桃李满天下"微信群(123团中学教师群)找到了王老师的微信,加了她好友。不一会儿,王老师同意了。

相互问好后,王老师跟我协商说:"薛老师,我老公生病住院,明天学生报到,能不能请您帮我照应一下?"

其实,我正想和王老师协商,明天学生报到时想见一下学生。我满口答应了王老师的请求。

最后一次和学生一起扫雪

深夜12点多钟,我到了123团,下了"老袁大巴",伴随着微风,天空中飘起了一阵小雪,风雪虽然不大,但打在人脸上像刀割的一样疼痛,尽管早就过了"雨水"节气,但丝毫没有春的暖意。我戴上帽子和口罩,拉了拉衣袖,朝着宿舍的方向赶去……

第二天早上,我下了楼,路面上已是厚厚的一层雪,估计昨天夜里又是一场大雪。

我赶忙在班级微信群里给家长发了一则通知:请今天上午没有事的家长来校帮忙清扫清洁区的积雪。

只步行十几分钟,
帽檐、睫毛、口罩全部结冰

关于请家长来校清扫班级清洁区积雪,上个学期是常有的事。家长即使不看短信,只要有时间,等雪停了都会来校帮忙清扫积雪。

我早早地来到学校,已经有家长在扫雪,劳动委员小包同学也带着一帮学生在清扫积雪,我也加入扫雪的队伍,真是人多力量大,不一会儿,雪就被清扫完了。看着清扫完了的清洁区,我的脑海里浮现出去年扫雪的画面。

2018年的第一场雪下在了11月11日这一天。11月份就开始下雪,这让第一次来新疆的我感觉极为震惊!上午还是稀松的雪,下午

带头和学生、家长一起清扫积雪

就密了起来,夜里雪越下越大。

第二天,路面上竟然积了一层不薄的雪。学校要求两天内将清洁区内的积雪打扫干净。我班的清洁区是6块水泥地,再加一段长约50米宽约10米的水泥路,这些水泥路面加起来约1000平方,另加两段泥沟。泥沟里面的积雪不用打扫,只需将路面积雪清扫干净即可。

这边有一种清扫积雪的利器——"推雪板",就是将一块钢板卷成半圆柱形状,固定在一根圆木上。将推雪板铲到积雪处,再用力往前一推,不管多厚的雪都得乖乖地跟着推雪板的路线朝前走。

有了这种利器,原本以为很快能清扫完,但出乎意料的是我和学生一起足足干了两个下午。面对清扫完的积雪,我有感而发,模仿文艺复兴时期意大利流行的"十四行"诗的样式,写了一首小诗:

> 从空中长时间飘逸的你,
> 转转悠悠来到我的身旁,
> 正如时光漫长那样恬静,
> 也恰是这段岁月的安好。
>
> 从今天起的日日和夜夜,
> 你是我陪伴最多的精灵,
> 白天中听着咯吱的笑声,
> 黑夜里见着梦里的妩媚。
>
> 紧锁的黑铁箱装有何物?
> 是不是薛定谔关着的猫,
> 你盘坐上面思索着答案。
>
> 你用洁白让灵魂去洗刷,
> 希望陪我走过整个冬天,
> 让寒冷的季节不再寒冷。

想听好消息,还是坏消息

清扫完积雪,我和学生一起回到教室,拿出事前准备好的一包糖果,每人一颗分给大家。按照学校规章制度,学生严禁带零食到学校,今天老师竟然带头违反了!但因为是我分给大家,虽然大家一脸的疑惑,但最终还是拿着了。

"我请大家吃糖!大家现在就可以吃。"我宣布道。

两三个胆大的学生剥开了糖纸,将糖放进了嘴里。随后就是一阵剥糖纸的声音,大家都吃起了糖。我问大家甜不甜,学生们微笑地点了点头。

我说:"今天是开学第一天,大家吃的是甜甜蜜蜜,心情也一定是甜甜蜜蜜。我祝大家在新的一学期里学习进步、天天向上。"

我接着说:"我这里有一个好消息,还有一个坏消息想告诉大家。大家是想先听好消息,还是想先听坏消息呢?"

一阵安静后,很多学生喊了起来:"先听好消息!"还有个别学生说:"先听坏消息!"

此时,"好吃"的小驿同学站起来说:"薛老师说的好消息和坏消息,其实是同一个消息,只不过是从不同角度去看。"

小驿一下子完完全全地说出了我所要表达的意思。上个学期刚学完"分数乘法"之后,我出了10道计算题,小驿同学竟然全军覆没。现如今能从哲学的角度去思辨老师提出的问题。我感到她的进步不止一点点。

"那我就先说好消息吧!"我说道。

"这个学期,学校从中学部调来一个教学水平很高的老师来教大家数学,她姓王,王老师教学水平可高了,她岁数比我大,教学水平也比我高。为了衔接小学和初中,学校特意安排她来教大家,别的班级还没有这样的机会,大家可要珍惜好,认真听她上课了。同时,王老师也是我们班的班主任。现在我们班语文、数学、英语三位学科老师都姓王,大家以后见谁都可以喊王老师啦……"

我高兴地说着,可是学生的脸上没有半点喜色。教室里也没有一点声音,静得就好像开学第一次和学生相见一样。虽然都是静,但这两种静完全不一样:开学第一次的"静"是陌生的"静",不敢表达的"静",思维停滞的"静";半年后,现如今的"静"是不舍的"静",是即将分别的"静",是大脑短路后的"静"。

"我想说的坏消息就是,我就要和大家分别了。但我每天也在学校,天天也能见着大家。我要和其他老师一起研究课堂教学。我虽然不教大家,但我肯定会来听大家的课。我的办公室现在调到了二楼的楼梯口边上,如果大家想我,可以随时去看我。"

听了我的话,学生们心情又恢复了平静。虽然他们心中不舍,同时他们也期待王老师的到来,至少我是这样想的。

分别,不一定要悲伤

曾多少次见师生分别时抱头痛哭的场景,我不知道这是对是错。有的老师认为这样的做法体现出老师对学生的爱,校长则认为这样的老师是高尚的老师,我却不这样认为。

我以为,哭是一种不舍,不舍是一种"排他"。头抱得越紧,哭得越凶则越不能容纳别的老师的进入。

我觉得这样的老师是不负责任的老师,是一种对接你班老师的不负责任,是一种对学生的不负责任。哭完你就一走了之,留下的伤和痛谁来修复?分别时痛苦和不舍是人之常情,只要老师对学生有着爱,学生是能感受得到的。

随着你的离去,学生念着你而排斥新老师,这对接你班的老师是多么的不公平,所以我希望我们做老师不得已和学生分别时,一定要做好学生的思想工作。

一直以来,我的做法是使劲地抬高接替我班的老师,加重他在学生心目中的位置,让学生对他有所期待。这样,虽然学生和我之间有所不舍,但因对新老师的期待,学生就能很快调整自己的心态,接纳新的老师,投入学习之中。

下午上班,我找到分管小学工作的邓益英副校长,汇报了班级事情处理完毕。准备进入新的工作岗位!

孩子们,再见!

但,援疆支教,继续……

第二辑

我和123团中学的老师们

新疆生产建设兵团第七师123团中学的教师群体是一个团结、向上、积极的群体,正如123团中学的教风(严谨、博爱、儒雅、笃行)写的那样。很荣幸,我的一年半的支教生活能够与这样的一群教师相伴。

套用孙红雷的一句广告语:"我们都是有故事的人。"我与123团中学教师的故事更多发生在课堂教学的过程中,发生在教育话题的研讨中,发生在读书交流的活动中……

有时我会走进老师们的课堂,和老师们针对课堂教学一起思考、一起交流、一起探讨,在交流探讨的过程中互相学习。

有时老师们会走进我的课堂,他们的好学精神深深地感染着我。

援疆这一年半来,我坚持阅读并撰写阅读笔记,通过阅读来影响身边的老师。有老师问我:"薛老师,能不能请您给我推荐几本书?我要买来好好读一读!"老师们由原来的不太喜欢阅读逐渐地变成要阅读、想阅读,并且在阅读中学会了反思,让我感到欣喜的是,在反思的过程中老师们的教育教学理念也在发生变化。

下面,我想选择一些我和123团中学教师之间所发生的故事,去说一说……

锦衣夜行的顾爱菊老师

我印象中的顾爱菊:一位令我尊敬的老教师

刚到123团中学,学校安排我教六(4)班的数学,顾爱菊老师教的是六(3)班的数学。我们的教室一墙之隔,我们的办公桌一道之隔。

耳濡目染,顾老师身上的敬业精神深深地感染着我。作为一名即将退休的老教师,顾老师身上的严谨、敬业、奉献的精神深深地影响着我。

2018年12月12日,这一天不单单是"双十二",更重要的是顾老师退休的日子。中午,吃完午饭,躺在床上的我心情久久不能平静,很想为顾老师写点什么。于是,我打开手机上的"备忘录",将与顾老师相处一段时间以来的感受记录下来,并以《锦衣夜行是一种大德》为题,写了一篇小文章,算是送给顾老师的赞歌!

锦衣夜行是一种大德

2018年12月12日,这是一个不平凡的日子,因为这一天,和我同一个办公室的顾老师退休了。

顾老师是新疆生产建设兵团第七师123团中学的一位普普通通的老教师,一直坚持到退休那天的最后一节课,一直坚持到全校教师的下班时间,光荣退休!

学生不舍,同事不舍!

其实，最不舍的还是她的学生！

于漪老师说过："教师的生命在学生身上得以延续，教师的价值在学生身上得以实现，所以教师职业是幸福的职业。"于老师的观点在顾老师的身上得到了印证。

就在上一周，我看见顾老师在办公室手写教案。我不忍心地问道："顾老师，你下周就要退休了，还在写教案啊！"顾老师回答道："虽然现在眼睛看不清了，写字也不像以前那么顺了，但为了学生，我要一直把我的最后一节课的教案写完。"

越是质朴的语言，越能接近教育的真谛。

苏联教育家马卡连柯说过："我们的教育目的并不是仅仅在于培养能够最有效地来参加国家建设的那种具有创造性的公民，我们还要把我们所教育的人一定变成幸福的人。"顾老师不仅做到了，而且还做得很好。

课间，办公室里，经常看到她班上的一群学生围在顾老师的身旁，请顾老师给他们讲数学题。顾老师在细心地讲，孩子们在认真地听。每次讲完后，顾老师总是说："我班上的这群孩子，可爱学习了！"

记得天文学家开普勒在他的《彗星论》一书中说："彗星的尾巴是背着太阳的，造成这种现象的原因，是太阳排斥彗头的物质。"大到宏观宇宙，小到微观粒子，无不有着这样的规律。顾老师就像一颗彗星，引领着学生们排除万难向着光前行。这是顾老师班学生喜欢围着顾老师的无言的证明。

向顾老师学习，祝顾老师退休后的生活愉快！

当晚，我将这篇小文章发送到学校"桃李满天下"微信群里。全校老师广为传阅，一时间，老师们纷纷向顾老师送去了祝福！一篇很短的文章，通过无形的力量，拉近了人与人之间的亲情般的距离，让顾老师倍感温暖和幸福。

顾老师对我说：你是一位很有责任心的老师

2018年12月15日，周六的早上，我的微信收到一条提示信息，有一个"陌生人"加我微信好友，她说她是顾爱菊老师。我添加顾老师为好友后，顾老师给我发了一条消息：

> 薛老师，你好！
>
> 　我之前不会用微信，今天是我第一次用微信。看了你给我的评价，我非常激动，感谢你给我这么高的评价。正是你写的这篇文章，同事们给了我那么多的祝福，我心里暖暖的！
>
> 　谢谢你给我们学校带来了先进的教学理念，谢谢你对一个退休教师的关注。
>
> 　昨天我们已经退休的几位老教师在一起聚会，他们非常羡慕我，我非常的开心。
>
> 　谢谢你，薛老师，你是一位很有责任心的老师，你将来一定是一名出色的教师！

对教育怀揣赤子之心的孙静老师

我印象中的孙静:一位喜爱教育与学习的教师

2018年8月20日,开学上课第一天,有一位女教师跑过来问我:"您是薛老师吧?"我回答说:"是的,请问有什么事吗?"她说:"听说您是从淮安来的老师,我很想听您的课。"

我看了一下课程表,正好8月21日上午第一节就是数学课,我说:"明天上午第一节是数学课,你可以过来听!"

第二天一早,这位女教师早早地就来到了我的教室,坐在教室的后面。

当时我上的是《分数乘法》第一课时的内容,我首先从数的加、减、乘、除运算开始,接着从数可以分成整数、小数、分数出发,问学生:"整数的加减乘除学过了吗?"学生异口同声地回答学过了。"那么小数的加减乘除学过了吗?"我继续问道,学生如实回答。"那么分数呢?"学生回答说:"分数的加法和减法我们在五年级学过了,乘法和除法我们还没有学!"我说:"是的,分数的乘法和除法是我们六年级所要学习的内容!今天这节课我们就从分数的乘法开始学!"

就这样,一节课下来,学生一直以一种兴奋的状态投入学习中。下课的时候,这位女老师跑过来给我拍了一张照片,后来才知道,她也要到南疆支教,说要拍一张照片作为留念。

我和她简单地聊了几句,双方加了微信好友就告别了!后来我得知,这位女老师叫孙静。

接下来的几个月时间,我经常看到孙老师在微信朋友圈发一些和南疆孩子相处的动态。经常看到凌晨一两点钟的时候,孙老师在自己的微信朋友圈发自己利用希沃软件成功制作的动态视频演示课件,这让我对这位女教师的执着精神十分钦佩,这是一位多么有责任心的老师啊!

2019年的寒假后开学,学校安排我组建一个工作室,我问孙老师有没有兴趣加入我的工作室,她愉快地决定加入。

虽然,她人在南疆,但我工作室开展的活动,她学得比谁都认真。我在公众号里推荐的"每日一读",她总是第一时间写反思留言,在共读《陶行知谈教育》这本书时,她不仅每章看完后写反思,而且把整本书读完后,又回过头来重新阅读,重新写反思。

不仅如此，孙老师还让我推荐一些教育书籍给她读，我建议她读一读阿莫纳什维利的三部曲。我公众号里面的名师教学和讲座的视频，她总是反复观看。虽然她身处几千公里外的南疆，但我们工作室开展的每一次教研展示活动，她总是跟我要相关活动视频进行认真的学习。

我们俩同时选择了支教，但我的支教时间是一年半，她的支教时间是一年，因此我们有了半年时间的交集。

2019年8月，新的学期开始了，邓副校长找到了我，聊到担心我还有半年时间结束支教后工作室事务由谁来接替，我首推孙静老师。虽然我和孙老师仅是一年前的简短的碰面，但我被她那种对教育怀揣赤子之心的精神所折服。

2019年9月24日，在工作室第五次活动上，孙静老师积极报名，执教"吨的认识"一课。

我认为这一节课是小学阶段最难上的一节课，没有之一。其难点就在于学生在课堂上无法真实建立"1吨"的概念，而这正是教学的目标之一。

在试教的过程中，孙老师从不同实物图片（共14个）出发，将学生分成小组，并将实物图片进行分类（因不同的人有不同的分类标准，总会出现不同的分法），进而得出计量非常重的物体才会用到"吨"这一质量单位，接着通过课件演示：10袋大米，每袋100千克，合起来就是1吨，并将一袋100千克的大米分成4袋25千克的大米，得出40袋25千克的大米也是1吨，加以练习巩固。

听完课后，我给孙老师指出："我们的数学课堂需要与生活相联系，但这样的生活不是我们成人的生活，而是学生自己的生活。教材上的情境图是测量一个体重为25千克的学生，测量学生的体重，这是离学生最近的生活，你为什么不用呢？你要把秤带进课堂，要现场测量学生的体重。"同时，我向孙老师期待："如果你能将1吨'搬'进课堂，这节课就是最大的成功。"

在展示活动中，孙老师果真做到了，让我着实佩服！

孙老师不仅带头上示范课，而且还积极组织工作室成员参与活动。对于工作室的每一项活动的布置、方案设计总是几易其稿、反复推敲、追求完美。正是有了孙老师的鼎力相助，工作室的老师们才能得到较快的成长。

随着这个学期的结束，我也完成了我的援疆支教任务。相信在以后的时间里，在孙老师的组织、带领下，工作室能继续朝前走下去……

孙老师对我说：2019，遇见更好的自己

（此处引用孙老师的感悟）

同是教育人，都是追梦人

中国地大物博，有人说："不来新疆不知道祖国的辽阔。"我说："不到南疆就体会不到'大美新疆'的含义。"天山山脉将新疆分为南北两大部分。我的家处于天山北面故称北疆，作为一名兵团第三代对南疆也充满着好奇，也许是受同学的影响，也许是想近距离地接触维吾尔族孩子，也许是想感受下南北疆的不同……所以我一直有一个愿望——去南疆支教。

2018年8月，我的这个愿望终于得以实现，但在临走的前一个星期我动摇了，因为我校要来6名淮安援疆教师，其中两名老师任教小学数学。

穿越时光隧道回到2015年，我有幸参加了在江苏南京晓庄师范的国培学习，虽然只有短短的15天，我却深深感受到了江苏教育的新理念，所以我对这两位援疆数学教师充满了期待，但为了实现自己的愿望，我还是如期地踏上了南去的列车。

遇见，总是美好

临行前两天，我见到了薛老师。在交谈中，我向他说明了我的情况并进行了"约课"。由于薛老师刚来又带班主任，可以感受到他需要更多的时间与学生沟通、交流，更多地了解班级情况，但由于我的时间更紧，所以他毫不犹豫地答应了，这使我非常欣喜。

"约课"成功，我得做做功课，翻阅着教材，思考着我会怎样上，薛老师又会怎样上呢？很期待第二天的课堂……

第二天上课铃响了，薛老师不紧不慢地来了，这节课也就此拉开帷幕，我像一名小学生一样仔细听讲，在不知不觉中过去了40分钟。薛老师的课堂的确与众不同，他非常注重知识间的联系与构建，这是我最大的收获。

由于我们当时并不熟悉，课后没有和薛老师专门针对这节课谈看法，只是鼓起勇气让薛老师站在板书前给他照了张照片留作纪念，（当时我不知道他们支教时间是一年半，而且是临时有留影的想法，板书还被学生擦去了主要的部分）我想这可能是第一次，也是最后一次听薛老师上课。

"短暂"的离开，没有阻止我"成长"的脚步

2019年2月27日上午，我收到薛老师的一条微信消息："这个学期我成立一个工作室，有兴趣参加吗？"看到这条消息时，我欣喜若狂，心想"终于等到这天了"，于是我立即回复："有啊！肯定要参加，就等着您召唤我呢！"

之后的日子，我努力跟学，有不懂的及时与薛老师沟通。让我意外的是，不管我有什么样的问题，薛老师都会及时给我回复，这就更坚定了我跟学的信念。在远方的我不能参加"每月一研"活动，但我可以看见薛老师发在公众号里的教研文章。

有一天，我感慨道："薛老师，我觉得您的听课反馈是真正的干货！"收到的回复是这样的："每天不坚持阅读，哪来干货？陶行知的书要读，先从教育类通俗易懂的书读起。"顿时醒悟，为什么工作室"四个一"活动中的第一个"一"就是"每日一读"。

想起曾经在2018年6月，我上了一节观摩课——"找规律"。在试教结束时，淮安市淮海路小学陈志祥校长这样点评："我怎么满脑子都是红黄红黄的？"当时我还在质疑："不是红黄红黄是啥？"现在，我通过阅读才明白，其实就是生怕学生不会，不敢放手，没有让学生自主探索找到规律，而是一遍一遍地重复啰唆，可见阅读的重要性。

对比我在支教学校第一次评课和最后一次评课，教务主任这样评价道："孙老师这次评课怎么讲得这样好，第一次听你评课时没有这样的感受啊？今日令我刮目相看！"

只有我自己知道，正是薛老师教给我去阅读，才会让教务主任对我产生这么高的评价。

回到"薛老师工作室"，快速成长

2019年7月初，我的一年南疆支教结束，回到学校正巧赶上工作室"幸福教育西部行——走进新疆"大型送教活动。这也许是学校、工作室眷顾我，迎接我回到大家庭最好的礼物吧！相信付出就会有收获，走过的每一步都算数。

转眼假期结束，又迎来了新的学期，新学期新气象。

9月我有幸参加了工作室的每月一研活动，并且自己也上了一节研讨课——"吨的认识"，从中获益很大！在第一次的试教中，此课的教学设计并不理想，但经过薛老师及工作室老师们的引导、点拨，第二次试教有了不一样的改变，又经过薛老师和刁家萍老师的细节指导，最后的研讨课可谓尽善尽美！

原来我的数学课也能上得如此之好！在半年前还求助薛老师怎样写教学反思的我，在这次研讨课中经历了两磨两改的过程，竟然写出了一千多字的反思，真正是学有所得，做有所获。

怀揣一颗感恩的心，砥砺前行

"认真做事，就能把事情做对。用心做事，就能把事情做好！"我用这句话勉励自己，只要坚持不懈地努力，就能实现自己的教育梦想——做一名专业型教师。

感谢国家的好政策，让一批批优秀教师来新疆支教。

感谢123团中学张建国、邓益英等校领导的高瞻远瞩、深谋远虑，为大家搭建了这么好的学习平台。

感谢淮安市实验小学薛仕扣老师的引领。

感恩遇见,感恩辛苦付出,感恩一切来之不易的美好……

我将继续努力,砥砺前行。

有大教育情怀的刁家萍老师

我印象中的刁家萍:一位对教学有独特视角的教师

2019年5月的一个傍晚,我跟往常一样,去学校操场跑步。路途中遇见一位老师跟我打招呼:"薛老师,我想跟您探讨探讨教育问题,不知您方不方便?"我回答道:"可以啊!"她自我介绍道:"我是中学部的刁家萍老师!"

我来到支教学校快两个学期了,因在小学部上班,跟小学部的老师和学生打交道的多,中学部的老师很少接触。当她说到自己的名字时,我立刻想到学校橱窗里公示的优秀教师名单里有这位老师,只是姓名和人没有对上。

"你觉得我们新疆的孩子怎么样啊?"刁老师首先问我。

我回答道:"新疆的孩子身上有很多优点,他们为人真诚,特别尊敬老师,关心弱小同学……"同时头脑里浮现出一些我曾经见到过的画面:

有一次,我去食堂吃饭,一个小男孩因地面上结冰,奔跑时滑倒了,这时两个初中生走过来,抱起小男孩,扶稳后拍拍他身上的雪就走了。

在食堂里,我总能看到个子高的学生帮助个子小的学生打饭(因为他们个子没有窗口高,看不着)。

校园里,随处可见学生见着我时,行一个队礼,然后说一声"老师好"!

学生进老师办公室,先要"报告!"得到老师允许后才进入。

……

"但是,学生的课堂主动学习的自觉性不够,学生对知识的探究意识不浓。"我接着说道。

刁老师说:"这和我们老师的教学方式有关,这正是我们要向内地老师学习的地方,我们每天工作也非常辛苦,但我们这边学生的成绩基本上是靠压出来的。"我回答:"如果能找到一种方式,使得教师少教,学生多学,这样的教师一定很幸福……"就这样,我们在路上一直聊到了天黑。最后刁老师加了我的微信,我邀请她进我工作室微信群,同时请她关注我们工作室的微信公众号。

后来,得知刁老师是123团中学从小学一年级一直教到初中三年级的数学老师,是一位有着大教育情怀的老师,我对她不由产生敬佩之心。

2019年8月,刁老师带领初中部的几位数学老师加入了我的工作室。在10月的工作室活动中,她展示了一节"二次函数的复习课1",在展示活动之前进行了两次试上,刁老师尝试让学生依托二次函数 $y=x^2-2x-3$,借助其图象解决实际问题,将"数形结合"的思想巧妙应用其中,课堂教学很有深度和层次性。

我建议刁老师:这是一节很好地体现"数形结合"思想的复习课。这节课不仅对二次函数的知识进行了系统的复习,而且可以让学生学会一种解决问题的策略。"数形结合"的思想不是有"数"、有"形"就可以了,而是需要用"数"的方式去解决"形"的问题,用"形"的直观去解决"数"的问题。我觉得这节课可以始终围绕抛物线图象展开复习,学生只需通过观察抛物线的形状就能方便快速地解决问题,因此,我认为这是一节典型的用"形"的直观去解决"数"的问题,课堂教学可以以抛物线这一"不变"应对"万变"的练习,甚至可以将抛物线放置在课件的某个固定位置,让学生充分领会"形"在解决问题过程中的重要作用,渗透"形"作为解决实际问题的一种方式方法。

学生学会知识是重要的,更重要的是学生掌握学习这一知识的方法。这一点,应该是公认的,但在教学过程中却往往被我们所忽视。

课上完了,我开玩笑地说:"这节课的课题是'二次函数的复习课1',那么刁老师可以再设计一节'二次函数的复习课2'作为这节课的续集,反过来用'数'的方式去解决'形'的问题,这样学生对'数形结合'思想的感悟更透彻。"

刁老师说:"难度太大!"但,我还是期待!

刁老师对我说:教育就是一棵树摇动另一棵树

(此处引用刁老师的感悟)

初识薛老师

第一次听说薛老师是在同事的口口相传里:上课很有想法,和我们授课的角度不同、深度不同。江苏淮安来的老师确实厉害……听得多了就特别想亲自去聆听一次。

无独有偶,在一次薛老师工作室活动中,我去听了薛老师的"鸡兔同笼"一课,感触颇深:

介绍中国古代的数学成就。中国有着历史悠久、成就辉煌的数学文化,出现了许多伟大的数学家和经典的数学名著。结合本节课的教学内容,教师通过向学生介绍记载

"鸡兔同笼"问题的数学名著《孙子算经》,介绍古人解决鸡兔同笼问题的巧妙方法,使学生了解数学知识丰富的历史渊源,感受古人的聪明智慧,增强民族自豪感。

渗透解决问题的思想方法。数学思想方法是数学文化的精髓,教师有意识地向学生渗透一些基本的数学思想方法,可以加深学生对数学知识的理解,提高学生的思维品质。结合本节课的教学内容,教师适当渗透了化繁为简、猜测验证、假设、数形结合等思想方法,其目的不仅是让学生掌握好本节课的基础知识和基本技能,更重要的是让学生了解一些解决问题的策略,提高学生解决问题的能力。

注重数学模型的实际应用。在数学教学中,从学生已有的生活经验出发,让学生亲身经历将实际问题抽象成数学模型并进行解释与应用的过程,能激发学生的兴趣,让他们全身心地投入学习。结合本节课的教学内容,教师安排了大量与"鸡兔同笼"有着类似数量关系的问题,让学生会用数学的思维方式去观察、分析周围世界,并且在这现实的、有意义的、富有挑战性的探索活动中,加深对数学知识的理解与掌握,感受到数学的真谛与价值。

当一个"旁听生"

如此有深度的数学课,我听得不多。不久后又见到薛老师,我们聊了一些关于教书教什么、怎么教的问题,很多观点不谋而合,让我十分惊喜,就怯怯地问了一下我们初中数学老师可以加入他的工作室吗?薛老师热情邀请我去听课、加入微信群、参与每日一读、参与他们的磨课活动,就这样我成为薛老师工作室的一名"旁听生",心中还是有许多喜悦的。

在那之后,读书几乎成为我每天临睡前必备的功课,看完掩卷沉思,不禁问自己教书二十年都在做什么?为什么只是在片面传授知识、中考热点、难点,是不是我教着教着,慢慢地忘记了应该教会学生的不仅仅是如何应对千变万化的23道中考试题,更多的是还要教会孩子学数学更重要的是数学的思想、方法,数学是活的、新鲜的,而不是死板的、教条的。

孩子学得死,不怪他们,因为老师就是在墨守成规地走着。我也有幸参与了王军胜老师为参加希沃比赛而进行的磨课活动,三次磨课让我惊叹一位从教二十四五年的老教师的在工作室老师的帮助和带动下进步如此之大。

如愿加入"薛老师工作室"

2019年8月,我和初中组的几位数学老师正式加入了薛老师工作室,同时我们教研组活动计划也与工作室计划同步进行。在这短短的几个月中我们脚踏实地地磨课,在整个磨课过程中,组内教师都本着对教研组及自己认真负责的态度,积极参与,各抒己见。

10月29日,通过三次磨课,两次集体备课,我向大家展示了我的公开课——二次函数的复习课1,反复的磨课让我进一步理解数形结合思想的真正意图。在学习二次函数中"数""形"并进,让学生见"数"想到"形",见"形"不忘"数"。

在数形转化结合的过程中,必须遵循下述原则:转化等价原则;数形互补原则;求解简单原则。

这节课我主要利用二次函数图象解决函数中的数的问题。当然在用数形结合的思想解决"二次函数"中的问题时,还应掌握以下几点:善于观察图形,以揭示图形中蕴含的数量关系;正确绘制图形,以反映图形中相应的数量关系;切实把握"数"与"形"的对应关系,以图识形,以形识图。

总之,二次函数的问题,在数形结合中来解决就显得不是那么的难,都是"二次方程、不等式"的"数"与二次函数的"形"之间相互转化的。数与形的结合就是解决二次函数,以及所有函数问题的一双慧眼。

我在加入"薛老师工作室"的这段时间里,薛老师带着我们每日一读,每月一研,磨课、评课、上课。我也有了新的目标:不再做一名教书匠,而要成为一名有专业素养、有创新能力的老师。薛老师用他的所长推动了我们教师专业能力的提升。

德国著名哲学家雅思贝尔斯说过:"教育的本质是心灵教育,是一棵树摇动一棵树,一朵云推动一朵云,一个灵魂唤醒另一个灵魂。"我想说:如果这样,我愿做那一棵参天大树!

对课堂教学乐此不疲的康方方老师

我印象中的康方方:一位"灵""悟"兼具的老师

因康方方老师参加七师希沃杯课堂教学大赛,刁老师请我去听康方方老师的课,希望我能给予一些指导。因为康方方老师是中学部的老师,所以当时我俩并不认识,但只要有老师请我去听课,我都会答应,因为我认为这也是一次学习的机会。

2019年5月24日上午的第三节课,康老师在学校的四楼录播教室试上,我走进了康老师的课堂。康老师执教的内容是"一元一次不等式组(1)",她首先从一元一次不等式的定义出发引出一元一次不等式组的概念,再通过练习一元一次不等式的解集过渡到一元一次不等式组中X的取值范围,然后到例题的讲解、规律的揭示,最后通过练习加以巩固。在此过程中,康老师采取了让学生自学、小老师讲解、观看视频讲解等多种形式。

整节课听下来,我感觉教师只关注到对学生的知识教学,教学目标单一。虽然形式多样,但始终是让学生练习求一元一次不等式组的解集。

苏霍姆林斯基曾提出教学的教育性原则,其内涵应该是非常丰富的,我们的课堂决不能只停留在学生学会知识的层面,虽然这很重要,但并不唯一。

我以为,数学课堂应该是"会知识"和"慧思维"两者并驾齐驱。数学课堂不能走得太快、太急。康老师听取了我的建议。

2019年8月26日,新的学期,我的工作室从原来的只有小学部老师扩大到也有中学部的数学老师,而且还有125团、128团等团场学校老师的加入。康老师也主动申请加入工作室。

在工作室活动中,康老师对自己的要求很高,所以她成长很快、进步很大。

常挂在康老师嘴边的一句话就是:"我又跟薛老师学会了一招!"更重要的是,康老师是一位非常有悟性的老师,走进她的课堂,她总能将所学会的"招"运用得恰到好处。

在康老师的课堂上经常出现下课铃响了,学生都舍不得离开课堂的场景。我不知道,如果老师接着讲,这算不算是所谓的"拖堂"?如果一个老师把课上到这种程度,我认为,这样的课一定是优质课!

在一次试上时,康老师借班教学。那一天我去得比较早,只见班主任对班上的两个学生说:"待会儿上课的时候,你们两个可不要睡觉!"后来得知,这两个"学困生"平时上课免不了开小差,甚至睡觉,今天因为有老师来听课,所以特意给他们重点强调。因为班主任的特意"关照",所以在听课的过程中,我一直观察这两个学生的表现。出乎意料的是,这两个学生不仅没有睡觉,而且听得非常认真、非常投入,还时不时举手回答老师的问题。

有时我在想,我们的学生游离于课堂之外的原因究竟是什么?原因可能很多,但其中必然有一条与老师有关。

康老师说:"我现在找到上课的感觉了,我现在上课一点都不累!"听了她的话,我很高兴。

康老师对我说:灯火阑珊处的"那人"

(此处引用康老师的感悟)

我以为,教书育人是教师的天职,教师的第一工作是教学,教师的第一责任在课堂。扎实的知识功底、过硬的教学能力、勤勉的教学态度、科学的教学方法是教师的核心素质。

我佩服能够在课堂上游刃有余的教学能手,从当老师的第一天起,我就在努力提高自己的教育教学能力,通过十几年的锻炼,我相信自己是有成长的,也是自信的。但是有时也会感觉到孤独和迷茫,现如今,对于教育的一些想法和思考更多的是烟消云散了,我真害怕自己失去激情,失去"寻寻觅觅"的那种执着……

迷茫寻觅,转角遇到了"那人"

我不记得是什么时候听说薛仕扣这个名字了,只知道他是从淮安来支教的老师。直到2019年5月份我参加了兵团七师举办的讲课比赛,我们数学组的老师非常热情地给了我很多建议,可是就是这些建议令我迷茫了,该怎么上这节课呢?为了适应比赛规则,我改变了自己一贯的风格,结果课上得一塌糊涂。当时为了自己能有进步,就把薛老师也请来听我的课。

依稀记得谁说过,他评课挺专业的,经过他指导的老师上课都有很大的进步。我以为他也会像很多专家一样对怎样上课侃侃而谈,但恰恰相反,他说话不紧不慢,态度谦逊有礼,一看就是一个温文尔雅的人。他只是问了我几个问题,他说:你上这节课想给同学们讲什么?学生学会了什么?学生是怎样学会的?我们要让学生掌握"知会"还是要让学生学会"智慧"?……这些是你应该思考的。

简单的几句话竟然说到了我的心里。我是一个内心比较叛逆的人,原来有很多前辈或专家都点评过我的课,我表面上也是很谦卑地接受,但是并没有从心里肯定过。

也许是我喜欢薛老师点评课时的和风细雨,也许是被他的态度所感染,我觉得一位那么优秀的老师在点评课从不锋芒毕露,而是点到为止,给别人留有思考的时间和空间。我觉得他是一位真正的教育者。

这学期我们初中数学组几个老师踊跃报名加入了"薛老师工作室"。通过几次上课评课之后,我发现薛老师总是能一下发现每个老师上课的优点及存在的问题,并给出行之有效的建议,构建出一个清晰的课堂框架。至于上课时的教学方法他又是报以鼓励的态度,建议老师选择自己认为合适的教学方法,教学有法,教无定法。

黾勉行路,灯火阑珊处的"那人"

通过参加薛老师工作室,我自己有很多成长,但并不仅仅是表面上的上课有了什么样的改变,更多的是我自己找到了自己。就像刚参加工作时一样,我对教育工作又重新燃起了热情,觉得自己找到了方向,曾经迷茫的自己找到了灯火阑珊处的"那人",给我指路,给我方向。

我从薛老师那学到的最有用的是学会思考,思考怎样引入学生更容易接受,课上也愿意试着让学生去发现、去总结。我的教学观念从以前的只关注自己的教,慢慢变成了越来越关注学生了。这样一来,我上课越来越有激情,感觉自己课上课下也越来越美好了,很开心。

不仅如此,薛老师每天推送的教育类经典名著,也拓宽了我的视野。因为平时时间紧张,读书少,利用这种方式既可以提高读书的效率又提供了探讨的平台,也让我接触到了教育的伟大。

陶行知说过,"千教万教教人求真,千学万学学做真人",我不奢望自己能成为教育先进或专家,我只希望我永远能有一颗热爱学生的心,站在讲台上永远有激情,把我会的能够想方设法地教给他们,在他们的人生道路上陪他们成长,也使自己获得成长。

教学相长不仅仅是一条原则,更多的是一种工作的方式,至少我是这样认为的。

务实求精的廖莉萍老师

我印象中的廖莉萍:一位对工作极其认真的老师

刚到123团中学,我和廖莉萍老师同一个办公室,都教六年级数学。所以和廖老师认识得比较早。

2018年12月6日,廖老师上了一节"小数、分数化百分数"的研讨课。其实,在上这节课之前,廖老师很是犹豫。我说:"上吧,没有关系!"然后两人开展了一次微教研活动。

小数、分数、百分数的互化是一个小的知识结构体系。而本节课所要解决的是如何将小数、分数化成百分数,属于这个小结构中的一块内容。因此,我的建议是:课前复习小数和分数的互化;接着出示百分数,使这三种数成为一个三角形框架结构;之后明确本节课所要学习小数、分数化百分数;课结束前启发学生下一节课将要学习百分数化小数、整数,这样一个小的知识结构自然得以建立。这样的建立方式犹如三角形本身的稳定特性那样坚固。

就这样,我在书上画着,一直研讨到下班时间!

廖老师听取了我的建议。听了廖老师的课,感受到了廖老师课堂教学的精练,课堂组织高度到位,学生的听课习惯很好。

课后,在和廖老师交流时,我真诚地指出:老师讲得太多,学生缺少思考的时间和空间。廖老师的苦衷是:"当学生回答错了,我就感到着急,于是就急于纠正并告知答案。"

教室是学生犯错的地方,这是江苏省特级教师吴非老师认为的十大教育常识之一,我很是认同。既然是常识,理应作为常识去对待。另一位特级教师华应龙老师则将学生在课堂上的错误作为一种价值资源,对学生课堂上的错误尤感兴趣并小心呵护。因此,学生回答错了,正是老师需慎重对待的地方。

对于学生的错误,处理得好,学生智自然醒;处理得不好,学生甚至终身不愈。反过来设想,如果课堂上学生都回答对了,这节课的教学也就没有了意义。

"如果学生回答不出来,那我怎么办呢?"廖老师疑惑道。

"不急,慢慢来!"如果急了的话,会不会有些学生就掉队了呢?这需要打一个大大的问号!作为一线教师,我常有这样的感觉:一节课上得很顺当,但在巩固练习时却出现了很多问题;一节课上得磕磕绊绊,但到头来学生却掌握得很好。就是因为"磕磕绊绊"要比所谓的"顺当"更有助于学生的学习!

我建议道:当学生说出把小数的小数点向右移动两位这个数就扩大 100 倍时,教师不要急,一定要稳住!你可以停下来,问学生,"为什么呢?""他说得怎么样?""还有谁愿意说一说?""你跟他想的一样吗?"……将这样的问题抛给学生,学生有了足够的时间和空间自然学会了数学思考。而对于给一个数添上百分号这个数就缩小 100 倍这样的规律的学习,绝非轻而易举的事,更得需要慢啊!

叶圣陶曾写过一篇《瓶子学说》的小文章,文章里说:一个空瓶子,里面什么也没有。当把什么东西装进去,它就不是空瓶子了。当装得满满的,它就是实瓶子了。我们老师要在责备学生不怎么善于独立思考之前先得反省反省,瓶子学说是不是学生不怎么善于独立思考的原因之一呢?

把学生当作一个人而不是瓶子,叶老质朴的话里道出了教育教学的真谛!

西班牙著名教育家维夫斯说:我们在童年时期所接受的看法,在我们生活的道路上跟我们走得很远,如果它们在幼年时期就在行动中得以凝固和确定下来,那么它们在我们一生中的影响便更为深远。我们教师的工作不就是所谓的"凝固"和"确定"的使者吗?

在我工作室举行第一次课堂教学展示活动,廖莉萍老师主动申请参加。她选定的课题是"比例的意义"。

展示活动之前,廖老师对自己的课进行了反复打磨,我一直参与其中。每一次的试教结束后,我都能把我自己的想法和廖老师进行沟通交流,在磨课的过程中看到她的进步。在最后的展示活动中,她一改第一个学期曾跟我交流时说的"学生回答不上来,我就急"的状态,课堂教学沉稳了很多,教学理念由原来关注怎么教转变为思考学生怎么学。

在执教的过程中,我欣喜地看到廖老师的教学观念发生了"质"的变化。

当学生回答错了,廖老师改变了她以往慌张的状态,而是沉着稳定,先让回答错误的学生说说自己的理由,再让回答正确的学生说说自己的理由,最后让学生们自己去选择。

我以为，慌张不是教学的不成熟，而是"以教师为中心"思想的存在，沉着不仅仅是教学水平的提升，更重要的是能站在学生角度思考问题，是有着让学生站在课堂中央的意识。

学生错误的理解不是没有任何道理，但通过自己的解决、判断，以及同伴的帮助，自然发现自己存在的问题，这种自我学习的方式要比教师直接指出错误的地方要高明。

廖老师对我说：因为有你，让我走得更远

（此处引用廖老师的感悟）

影响，源自同一个办公室

2018年8月，薛仕扣老师来新疆支教。他刚到我校时，恰好和我同时任教六年级数学，并且我们还在一个办公室，我有幸和薛老师相识。心里暗自窃喜，可以好好向薛老师学习了，可是由于我教六年级两个班的数学，又担任一个班的班主任，事务烦琐，和薛老师交流的时间并不是很多。

但一个人影响另一个人是不需要言语的。每天薛老师都会抽出时间阅读并做笔记。在薛老师的影响下，办公室的其他老师没事的时候也喜欢阅读了。于是在薛老师的推荐下，我也买了一本《给教师的一百条建议》进行阅读。

时间在繁忙和有序的生活中悄然而过。2018年11月，薛老师给我校老师上了一节示范课"百分数"，他的课堂是幸福的，不仅老师幸福，最主要是学生更幸福。我作为一名听课的老师，也很幸福。

一节课不紧不慢，学生学会了新知，每一位学生都找到了存在感，印象最深刻的是有一道课后练习题，根据百分数绘制出自己喜欢的图形。展示完学生的作品后，薛老师结合现实情况，告诉学生全国各族人民心连心，出示自己的作品"心连心"三个字。当时学生不禁发出"哇"的声音，这样的课堂学生能不喜欢吗？同时，我也大开眼界，一堂课竟然还可以这样去设计！

课后，我问了薛老师："这样的设计你是怎么想出来的？"他说："我也思考了很久，我认为教师在教知识的同时要对学生进行价值观的引领和爱国主义的教育，有时后者比前者更为重要。即便'心连心'的图案设计就用了两三个小时，但我认为为了达成这一目标，也是很值得的！"我顿时眼前一亮，耳目一新。我想这与他坚持阅读，善于思考是分不开的。我深深地折服于他的一丝不苟、精益求精的工作责任心。

提升,源自同一个工作室

我很欣赏一句话:找到努力的方向比努力本身更重要。工作十几年以来,我一直对工作充满热情,对教育教学充满责任心。但直到2019年3月参加"薛老师工作室",我才找到了努力的方向和目标,因为有了薛老师的带领和帮助,我才发现光有热情和责任心是不够的,自己要学习的东西太多太多……

读书使人明理,读书使人明智,读书能使人发现新问题,读书还能帮人解决旧问题。每天我都利用空闲时间进行每日一读,长期的坚持改变了自己的教育理念,其中虽然也遇到了一些困难和埋怨,但也收获着一份读书的充实。与此同时我还认真观看"薛老师工作室"推荐的优秀课例,思考这些优秀的教师在课堂中用了哪些教学方法,为什么他们的课堂教学波澜起伏、有声有色、令学生入情入境呢?安静时还会反思自己的课堂是高效的吗?自己跟孩子们的交流是有效的吗?自己的课堂教学究竟还存在哪些问题?反思之后在课堂上实践,使自己的课堂教学又上了一个新的台阶。

参加工作室快一年了,在听课和研讨的活动中我收获了太多,同时我也执教了"比例的意义"和"用字母表示数"两节展示课。

在"比例的意义"的一课的磨课中,在薛老师的帮助下,我放手让学生自己去探究比例的意义,在汇报的过程中即使学生回答错了,我也不像以前在课堂上那样急躁。"你们同意谁的观点?""说说你是怎么想的。"课堂上,正是这样与学生进行着对话,让我享受于课堂中。

在"比例的意义"的教学最后,教材结合相似三角形得出只要有四个数能组成比例,则一定可以组成八个比例的规律。但相似三角形对学生而言尤为陌生和抽象,我深感困惑,同组老师建议我将这一环节留在下节课教学。薛老师告诉我,这是一个多么好的教学资源,我们在备课的过程中要充分领会编者的意图。他建议我可以做一些铺垫,可以从生活中学生熟悉的"影子现象"入手,创设一个大树和人留有影子的情境,让学生观察大树、人以及影子之间的关系,进而过渡到相似三角形,最后再让学生写出八个比例。实践证明,这样的设计收到了非常好的教学效果。

在教学"用字母表示数"的一课时,薛老师从这节课的整体出发,给我搭建了一个知识结构框架。从"语言叙述"到"表格汇总",再从"表格汇总"到"字母表示",在层层递进的过程中让学生体会数学的简约之美,同时让学生自觉感悟到为什么要学习用字母表示数,用字母表示数的价值和意义何在。

教育不是硬生生地把知识从一个头脑中传递到另一个头脑中,教学亦然。课堂不要怕学生把问题回答错,课堂需要的是诱发学生思考,从而得出正确的答案。课堂不是为了教知识而教，而是让学生智醒的地方。

只有亲近一种新的思想，才能走向一种新的高度。《诗经》有云："投我以木桃，报之以琼瑶"，薛老师严谨的治学精神深深地影响着我。我愿继续向薛老师学习，在静心和潜心中研究教学，在积淀和沉淀中锤炼自己，努力创设薛老师那样的课堂，让自己的课堂成为幸福的课堂。薛老师，因为有你，我才能走得更远！

深受学生喜爱的焦晶萍老师

我印象中的焦晶萍：一位爱心充盈的老师

我刚到123团中学，焦晶萍老师任教中学部八年级的语文。开学后一个月，焦老师调到了小学部任教，而且巧得很，办公桌就在我对面，所以我们也就这样认识了。

2018年11月29日，我给123团中学老师们上了一节展示课，焦老师也来听了。

听完课后，焦老师说："我原本以为数学课是枯燥无味的，薛老师上得这么好，我都想改教数学了！"

我说："那可不行，这样学校就少了一位优秀的语文老师啦！"

2018年12月18日的下午，焦老师上了一节语文汇报课。因为和焦老师熟悉，虽然自己是一名数学老师，但我也加入了听课的队伍中。

焦老师上的是一篇文言文《伯牙绝弦》，她从三个方面对文本进行了解读：一是"读"，二是"解"，三是"赏"。在"读"上：焦老师花了一番工夫，丰富读的形式，将试读、范读、自由读呈现出递进上升，达到了预期的效果。在"解"上：焦老师通过四人小组讨论，借助工具书注释、理解文意，并对文章重点字词着重强调，对"善鼓琴""善听""善哉"中的"善"进行了对比解释。同时在"解"完之后，再次回归"读"，试图让"读"走向深入。在"赏"上：焦老师下足了功夫，如让学生思考，如果将文章分成两部分，该如何分？给学生搭建对话练习的平台，让学生在横线处填写关键词句，进行仿写；写出对"知音"的理解，等等。

听完课，我一直在思考，为什么苏霍姆林斯基会说出"一个老师首先得是一个语文老师"这样的话？从这节课中，我似乎找到些答案！

"伯牙绝弦"作为一个成语，听了焦老师的这节课后，我才对它有了新的认识和思考。至少说明我的知识面不够！由此，我又想到苏霍姆林斯基说的另外一句话：一个优秀教师懂得的东西应该比"大纲"规定的东西要多许多倍，课程对他来说只不过是这门学科的起码知识，教师高深的学识是吸引学生热爱学习、获取知识的必要条件。

知者乐水,仁者乐山;知者动,仁者静;知者乐,仁者寿。我以为,语文学科是教师高深学识的源泉。这是不是苏霍姆林斯基所说的"都应该是一个语文老师"的初衷呢?我不知道!

由教初中到教六年级,新的学期,焦老师又教一年级的小朋友,每天乐呵呵的,焦老师是一个深受学生喜爱的老师!

焦老师对我说:真爱换真心,平凡诠伟大

(此处引用焦老师的感悟)

守望教育的"星空"

有人说,人总要守望些什么,哪怕是一轮红日、一弯新月,抑或一种精神、一个梦想。因为守望是一种昂扬的生存姿态,是思考的张力、行动的动力、生命的活力。

回眸7年的教育历程,我涌动着幸福,徜徉着快乐。因为一路走来,我一直追逐着梦想,守望着教育的"星空"。

"缘分",让我认识了你

2018年10月,因为工作需要,我从中学调到小学六年级带语文,依稀记得搬东西的那天,我认识了淮安支教的薛仕扣老师。进办公室的那一刻,映入眼帘的是薛老师在认真看书,看上去若有所思的样子,还认真地记着笔记。我心想:这个老师一定不同凡响,我一定要跟他好好学习,因为近朱者赤近墨者黑嘛!(我当时还偷拍了一张薛老师读书的照片,可是因为换手机的缘故,找不到了!)嘿嘿………为此我还暗自窃喜,教六年级还蛮好,认识了这样一位"湖水"一般的帅哥,因为看他的表情如此坦然,感觉他的内心如湖水般平静。

工作严谨,精益求精的你

2018年11月,薛老师给我校上了一节示范课"百分数",一节课感觉不紧不慢、不急不躁,环环相扣地完成了教学的重难点,孩子们听得很认真,我一个教语文的竟然也听懂了,霎时间觉得数学没有我想象中那么难,我觉得一节成功的课就是这样子的。数学课要是语文老师听明白了,说明这就是一节成功的课。

让我记忆犹新的是薛老师在最后的练习题中,根据百分数绘制自己喜欢的图形,展示完了学生的作品后,薛老师也展示出了自己绘制的"心连心"的图形,当时学生就发出了"啊"的感叹声。我也为之震撼,太漂亮了!并且我数了数,每一个图形都代表了所要表示的百分数,很好地巩固了所要学习的知识。下午第一节课的时候我在办公室就听廖老师在询问薛老师关于那个图案的设想,薛老师微微一笑,说在备课的前一晚绘制了

三个小时,要对孩子进行情感价值观的引领。哦……原来如此,薛老师备课是那么一丝不苟,那么精益求精!这就是他的不同凡响。

因为我的办公桌在薛老师对面,我平时观察得比较仔细。每次上班我都会看到薛老师认真地看书记笔记,没有落下一天。这也是我为之感动的一点。除此之外就是他在对待学生上,真正地做到了关爱学生,温暖每一个孩子的心。

2018年12月,薛老师收到了一个快递,出于好奇我踮起脚尖看了看,薛老师轻轻地打开快递,我愣住了。"啊,好多书啊!"薛老师说:"喜欢啊,拿两本看!"我一看还有少儿画报,我说这个好,正好给儿子看,薛老师随手就送给我几本《幼儿画报》。我便欣喜地拿过来了。后来我猜想这些书应该都是从淮安寄过来的,薛老师全都给班里的孩子看了。总感觉薛老师把每一件事都做得很好,想得很周到、很仔细,我打心眼儿里佩服他这个人。我认为,自带光芒的人会让人很温暖,也会影响身边的人。

知者乐水,仁者乐山

2018年12月24日,我上了一节语文公开课——《伯牙绝弦》,突然薛老师去听课了。当时我并没有因为他是数学老师去听语文课而惊讶,而是在听完课以后他给我的建议令我吃惊。一位数学老师竟然把语文课点评得这么到位。他给我了如下三点建议:

"读"的"量足",但"质不够"。刚开始让学生尝试着读的时候没有层次性,只是问学生:"读得好不好?"学生齐答"好!"此时,教师能否追问一下:"好在哪里?"简单的四个字,就能巧妙地将"读"和"说"进行很好的融合!其实,学生试读的时候,在一些停顿的地方还是存在一些错误的,比如,"峨峨兮若泰山""洋洋兮若江河",学生将"兮若"当作一个词来读,这是错误的。教师在肯定学生读得好的同时,善意地指出读错的地方则有利于知识的生长。另外,在教师范读时,教师将文章字词用斜线分出,并配上背景音乐,不知学生是否感觉到不公平,为何在学生试读时没能给予这样的"待遇"?示范读完之后,可以"忽悠"学生,"你觉得老师读得怎样?有没有谁敢跟老师比试比试?"这样的话语,会比接下来的让学生自由读更有力量。另外,在第二环节,让学生理解文意之后再次朗读课文时,应提出更高的感情要求!

"解"的重"言传",轻"意会"。文章中的一些字词,教师是让学生借助于工具书进行查找。但学生所谓的"工具书"只是学生的配套"一本通"学习资料,而不是字典、词典等真正的工具书。进行疏通文义时,在所谓的"工具书"的帮助下,学生的回答是那么精确,让原来充满想象的文章变得那么死板。比如,对于"善鼓琴""善哉",教师可以说:"同学们,'善'这个字,新华字典上有这样的一些解释:(1)心地仁爱,品质淳厚;(2)好的行为、品质;(3)高明的,良好的;(4)友好,和好;(5)熟悉;(6)办好,弄好;(7)擅长,长于;(8)赞许;(9)好好地;(10)容易,易于;(11)姓。你们认为,这里的'善'属于哪一种解释呢?"再比如,"洋洋兮若江河",多么博大、多么谦逊、多么美妙的句子,却被一个"洋洋"是"广大"的意思搞得黯然失色。

"赏"的多"套路",少"想象"。比如,对话练习:伯牙鼓琴,志在(　　),钟子期曰:"善哉,(　　)"志在(　　),钟子期曰:"善哉,(　　)"。可以选择的词语很多,如杨柳依依、春雨绵绵,等等!练习完之后,不妨让学生思考:"你们说的这些词跟文中的高山流水比,哪一个更好,为什么?""钟子期死,他就葬在山脚下,伯牙可以鼓琴给山谷听啊,可是为何伯牙绝弦呢?"如果将这作为接下来的续写材料,就更能给学生提供广阔的想象空间!

薛老师所给的这些建议非常中肯,让我不断地反思自己的教学,应该怎样上好每一节语文课。备课的时候要仔细认真、一丝不苟。要去备学生,让每一个孩子参与到课堂上来。而不是让课堂成为一种表演、一种形式化地接受知识。要走到孩子们的心里去,和每一个孩子达成默契,让他们真正意义上佩服你、敬重你。

阅读传递给我的力量是无穷无尽的

2019年2月28日,薛老师的工作室成立了。薛老师每天会发一些文章供我们阅读,还会给我们分享一些名师授课视频。我个人认为非常有价值。随着教育的改变,语文的地位越来越重要。语文学不好将严重影响其他学科!而学语文最重要的是培养阅读能力,阅读不好的孩子不仅语文拿不了高分,政治、历史,甚至需要读懂题意的数学等理科科目成绩也会受影响。

阅读能力强,学习更轻松。以前是"学会数理化,走遍天下都不怕",而现在则是"得语文者得天下",对阅读能力强的孩子,只要在关键时候稍加点拨,他的分数就突飞猛进,最后考的分数甚至比一直看似勤奋的孩子更高,因为孩子的学习能力已经很高。

阅读能力强,更容易脱颖而出。一般而言,喜欢阅读的孩子,词汇量更丰富,拥有更好的解决问题的能力,情商也会更高。这是因为,从心理学角度讲,人是用语言思维的动物,语言越清晰,思维就越清晰;而且喜爱阅读的人,在分析问题、陈述问题和学习知识的时候,往往比从不读书的人快得多。

短暂的离别是为了下次更美好的见面

光阴似箭,薛老师的支教生活即将结束。说实话,我还有些许的不舍,不舍是因为薛老师悉心教导着我们工作室的每一个成员。他分享的每一篇文章都是精挑细选的。我有时候就想薛老师为什么不是教语文的呢?这样我就可以学到更多我专业课的授课技巧呢。但是也有些许的欣慰,欣慰的是,缘分让我们拥有了这样一位优秀的导师。有一次和一起支教的葛老师聊天还说起了这学期结束他们就要回淮安了,我还开玩笑地说:

"薛老师,别回去了,就在我们学校上班吧!"其实,天下哪有不散的宴席呢。

  法国著名作家雨果曾说过:花的事业是尊贵的,果实的事业是甜美的,让我们做叶子吧,因为叶的事业是平凡而谦逊的。朋友们,让我们做一片绿叶,在这大好形势下,乘风破浪、不断进取,用自己的真爱换取学生的真心,用自己平凡的一生孕育圣洁与伟大。

第三辑 我和我的课堂

没事时,我喜欢听课;听完课,我喜欢和老师们说一说。

我一直以为,听课是一种学习,说一说则是一种反思。援疆支教这一年半的时间里,我听课超过了100节,每每听完了课,我总会和老师们一起聊一聊。这或许能给被听课的老师一些启发,但对于我而言则是一种成长。

听课很重要,听完课后的交流更重要。有老师认为,听完后不去交流等于没听课,对此我非常认可。苏霍姆林斯基把听课和分析课作为自己每天必须完成的任务。在《和青年校长的谈话》一书中,苏霍姆林斯基说道:"多年的经验使我深信,尽管校长有各种各样的工作,但应当把听课和分析课摆在首要的地位。我给自己做出一条规定:一天内必须听两节课。否则,我就会认为这一天我在学校里什么事也没有做。如果今天要去开校长会议,抽不出时间去听课,那么明天就得去补听,一共要听四五节课。"

下面,我想从我听过的100余节课中选择一部分聊一聊我听完课之后的感受……

课听了,总要说点什么

平均分的"此岸"与"彼岸"

王军胜老师是123团中学的一位老教师。她的课,我前后共听过六次。

记得第一次王老师邀我去给她看课,她说:"我设计了一节课,想请您去看看设计得如何?"我欣然接受了。

来到王老师所执教的二(2)班,她给我呈现了一下课件,内容是"简单排列"一课,王老师一边播放课件,一边给我说她的设计和设想。

教材呈现一道例题:用1、2和3组成两位数,每个两位数的十位数和个位数不能一样,能组成几个两位数?同时配有一道"做一做"和练习二十四的第1道练习题。

我给王老师的建议是:

1. 可以先从练习二十四的第1道练习题开始,创设情境,选择2名同学坐成一排进行合影,可以有几种坐法;如果从3名同学中选择2名同学进行合影,有多少种坐法?让学生在无序和有序的对比中体会到有序带来的好处是"不重不漏",渗透两种有序的方法,并强化有序的思想。

2. 带着有序的思想,教学例题可以按照12,21,13,31,23,32的顺序组数,也可以按照12,13,21,23,31,32的顺序组数,然后通过"做一做"加以巩固。

3. 帮助学生形成知识结构系统,引导学生回忆以前学过的哪些知识运用了有序的方法,比如:一年级的分合式,之前学习的乘法口诀,等等。

4.拓展延伸,再次回到练习二十四的第1题:如果3名同学坐成一排合影,有多少种坐法?让本节课首尾呼应,同时在拓展中深化有序的思想。

当然,这只是我的一些想法。

第二天上午,王老师主动邀请我去听了她的课。

走进教室,只见王老师在和孩子们玩猜谜语游戏呢。不知不觉,上课铃声响起,师生问好后,王老师在课件上出示了一个谜语:

有山不见石和崖,有地不见土和沙,江河湖海不通船,外出旅行全靠它。

学生很快猜出谜底(地图),接着王老师出示了中国地图,让孩子们找出新疆和江苏,然后让孩子们用三种不同颜色的笔对新疆和江苏进行涂色,在动手操作中初步感知简单的排列;然后王老师又选择了123团和淮安两个地方,同样用三种不同颜色的笔再次进行涂色,并重点讲解无序带来的问题是重复和遗漏,进而强调有序的重要性。接着进行例1的教学,再次强调有序组数;最后,通过希沃白板5设计了一款小游戏,孩子们兴致高昂。但是可能因前面的涂色时间过长,导致后面的内容没能很好地进行。

课后,我和王老师交流了几点想法:

1.两次涂色所用的时间太长,同时也没有必要,可以只保留一个;

2.新疆和江苏地图边线弯弯曲曲,学生涂起来还是很有难度,如果想保留此环节,可以将新疆和江苏分别用两个小圆圈来表示,这样学生涂起来比较方便;

3.两种有序的方案,在教学中只需出现一种方案,建议课前老师先准备好两种涂好的方案,如果学生使用了其中的一种,教师可以用准备好的那一种进行临时弥补;

4.有序的思想在涂色的过程中需要进一步植根于学生的心中,这是本节课的教学重点也是难点,教师要在此多花时间。

2019年3月1日,王老师设计了一节课,请我去听听,我欣然接受了她的请求,来到她所在的教室,课件的首页醒目地打出了"平均分"这一课题。

听完了课,我和王老师进行了交流。

如果用"此岸"和"彼岸"来描述这节课学生已经具备的知识和将要学习的知识,我在思考,平均分的"此岸"是什么?我觉得是每份分的同样多。比如,把9个圆片分给3个小朋友,每个小朋友分3个,这叫平均分。平均分的"彼岸"又是什么?我觉得平均分的"彼岸"应该有两个,一是把已知数量的物体平均分成已知份,求每份有多少个?比如,把18个橘子平均分成6个同学,每个同学可以分几个?二是把已知数量的物体平均分成多少份,使得每份有已知个?比如,把18个橘子平均分给几个同学,使得每个同学有

3个?

本节课的教学当然是关注平均分的"彼岸"!

对于这两个"彼岸",我们究竟是合成一课时教学,还是分两课时教学?我把这个问题抛给王老师,王老师说这正是她所疑惑的地方。

正是因为有了疑惑,所以王老师在课堂教学中的思路才显得不是特别清晰。

因为教材的呈现方式是两课时的教学内容,因此,我建议王老师还是分成两课时教学较为妥当。

对此,我给出三个中肯的建议:

1. 深入到学生回答的问题背后

作家海明威说:"海面上的冰山之所以显得雄伟壮丽,是因为它仅有八分之一露出水面。"

如果把学生的回答比作海明威笔下的冰山,那么教师更应该关注隐藏在海面下的、看不见的思考过程。

王老师创设了一个教学情境:

小明的妈妈买来18个橘子,有6个同学做客,小明要把这18个橘子平均分给6个同学,每人几个?

生:(脱口而出)每人3个,因为三六十八。

师:(回避了这个学生的回答)同学们拿出18个圆片代表18个橘子,大家自己动手分一分,看看每个同学可以分几个?

学生动手操作。

对于学生的回答——三六十八,教师不能放过!

我建议不妨这样追问下去:"某某同学,你能不能给大家解释解释,三六十八是什么意思呢?你说的'三'代表的是什么?'六'又代表的是什么呢?"

在课结束前,王老师让学生动手把30个小正方体平均分成5份,该怎么分?巧的是,又是这个学生说出"五六三十"。当王老师让这个同学上台分一分时,这个同学竟然每份拿了7个,导致平分失败。由此看出,她所要表达的乘法口诀和平均分并没有建立意义上的联结。

在当下小学数学课堂上,当学生的回答和老师的预设不一致时,作为教师究竟该如何处理?是按照学生的思路加以引导拓展,还是置学生的想法于不顾,继续进行自己的"正常轨道"教学?这样的问题,应该在教学过程中做出慎重的选择。

2. 概念的"固化"更有助于学习

把已知数量的物体平均分成已知份,求每份有多少个?把已知数量的物体平均分成多少份,使得每份有已知个?这里需要让学生明确"份数"的概念。把10盒酸奶,平均装在2个盘子里面,每个盘子可以放几个?这里的"份数"应该是2。

在教学过程中,当每出示一道练习或者每创设一个情境,教师都应该让学生找一找、说一说份数是几,这样更有助于达到平均分的目的。

3. 练习的设计可以进行统整

本节课共设计了4道练习题和1个实践探索题。对于4道练习题中的3道,我觉得可以进行统整,让学生在对比中提升。①把10盒酸奶平均放在两只盘子里面,每只盘子可以放(　　)盒;②把10个面包平均分成5份,每份是(　　)个;③(出示12片枫叶,每4片为一组)一共有(　　)片枫叶,平均分成(　　)份,每份是(　　)个;④10只兔子,每2只一份,分成了(　　)份。这4道练习,其中①、②、④可以进行统整,①的份数是2,每份是5;而②和④的份数都是5,每份是2;这3题的总数量都是10……

教海无涯,一个"彼岸"的到达其实就是另一个"此岸"的开始。是的,当到达了平均分的"彼岸"之时,其实除法的"此岸"已经来临。我们的教学其实就是"此岸""彼岸""此岸""彼岸"……这样的一个循环往复的过程。在这样的过程中,教师和学生才会得以成长!

多次走进王老师的课堂,我也从老教师身上学到了崇高的敬业精神,王老师能够善于思考,在教学设计中有自己独特的想法和对教材的理解。更难能可贵的是,王老师能与时俱进,将当下最先进的教学技术手段——希沃白板5运用到教学中,这是一般老教师很难做到的,在现代技术手段的辅助下,学生的学习效率很高。

我想对王老师说:"教无涯,学亦无涯!"

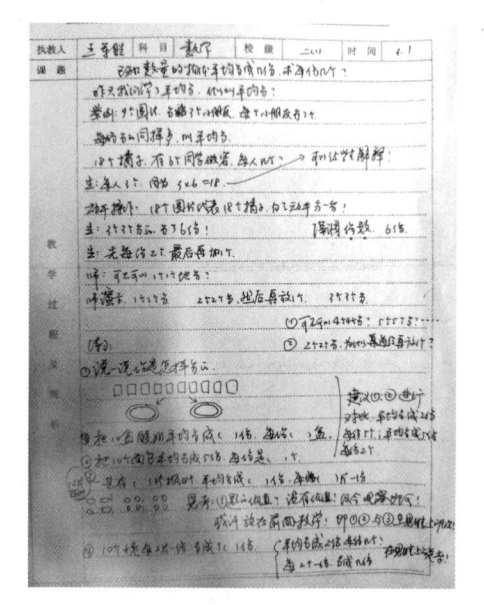

王老师的练习设计及我的建议

发掘练习课背后的要义

孟娇娇是123团中学的一名特岗教师,她的课我曾听过两次。我第一次去听的课是她上的一节汇报课,课题叫"十几减9(练习)"。

在听课的过程中,我和孟老师一起对教学内容进行了简要梳理:这是一节学完十几减9之后的练习课。在练习之前,老师帮助学生理清十几减9的两种方法:一是"破十法",二是想加法算减法。其中"破十法"又可分为两种:拆大数和拆小数。在练习的过程中,当学生困惑时,老师就帮助学生回忆计算的方法,正所谓"当其可之谓时"。同时又有几点思考,课后我与孟老师一起进行了交流:

新知的学习要去找准其已有基础

虽然这是一节练习课,但是练习的基础是相关新知的学习,练习是为了更好地巩固和提升所学的新知。而新知的学习需要老师慎重备课,学生所要学习的新知,其已有知识究竟在哪?有没有相关的生活经验?学生的生活经验和所学的新知是相合还是相悖?等等。

对于十几减9的知识基础,我觉得应该有两个:一是20以内不退位减,二是"破十法"。学生灵活掌握"破十法",并且掌握不退位减的方法,退位减可能会容易很多。

在交流中,孟老师说学生掌握得并不是太好,其原因何在?我告诉她:"没有找准学生已有的基础!"

教学十几减9,孟老师强化"拆大数""拆小数"两种方法。刚开始,我对这两种方法并不是太了解。在交流中得知,孟老师所教学的这两种方法在上个学期学习加法时学过。比如15+9,"拆大数"的方法是:15+9=10+5+9=10+14=24(板书应该是竖式加连线,这里简略成连等式,下同),"拆小数"的方法是:15+9=15+5+4=20+4=24。现在学习减法:比如15-9,"拆大数"的方法是15-9=10-9+5=1+5=6,"拆小数"的方法是:15-9=15-5-4=10-4=6。

寻找症结:15-9,"拆小数"的方法是15先减去5,再减去4,学生可能产生的疑惑是9明明是拆成5加4,为什么不是加4,而是减4?对于一年级的学生确实存在很大的难度与挑战,正所谓"杂施而不孙,则坏乱而不修"。这种思维用语言表述为:连续减去两个数等于减去这两个数的和,用算式表示为:15-9=15-(5+4)=15-5-4。这样的方法,学生当然掌握得不好啊!

有序的思想应渗透到平时教学的点点滴滴

有序思想是小学数学学习的一个重要的数学思想。有序思想不是明明白白教给学生，而是在日常的教学过程中时常渗透。教材练习二第 2 题、第 3 题、第 4 题，其实都在很好地渗透有序的思想。

现以第 2 题为例，说说我的想法：

第 2 题，小鸽子送信，有八封信（18－9，15－9，12－9，11－9，13－9，17－9，16－9，14－9）送往八个地点（八个数：4，3，5，8，6，2，9，7）。学生帮助小鸽子完成送信任务后，是否真的就结束了这一题的练习？

作为教师，我觉得还不够。此时，可以问问学生，"小朋友们，请你自己观察小鸽子所送的这八封信，你有没有发现什么？那八个地点呢？""八封信如果让你来排排序，你觉得怎么排呢？八个地点如果也让你排序，你打算怎么排呢？"

引导学生把八封信进行这样的排序（或反之）：

18－9，17－9，16－9，15－9，14－9，13－9，12－9，11－9

引导学生把八个地点进行这样的排序（或反之）：

2，3，4，5，6，7，8，9

再次观察八封信和八个地点，你有没有发现什么规律？原来算式和得数竟然是如此的一一对应啊！

在练习的过程中打通知识的前后关联

第 5 题共有 9 道算式：

11－9＝　　15－5＝　　17－9＝
14－9＝　　12－9＝　　19－9＝
18－10＝　　17－4＝　　16－2＝

学生算完之后,孟老师问学生,你发现这些算式有什么相同的地方没?

生1:都是减法。

生2:都是大数减小数,但得数不一样。

生3:除了18-10外,都是两位数减一位数。

生4:(主动举手)我啥都没发现!

孟老师对学生的回答一一解释后就结束了这一题的教学,我觉得这样处理还不够。

这是一道很好的打通前后知识的素材。它们的相同点在于不管是十几减9的退位减,还是以前学过的不退位减,它们的计算方法都是一样,它们都可以用"破十法"和"想加算减法"进行解决!比如11-9=10-9+1=1+1=2,16-9=10-9+6=1+6=7,这样很好地打通不管是退位,还是不退位在方法上的一致,实现知识前后的联结,自觉将所学新知纳入原有的知识结构系统中。

练习课的教学不是让学生简简单单地进行练习。教师要善于发现练习题背后所隐藏的东西,要有一个善于思考的大脑。

练习课不仅仅是对所学知识的巩固使之达到熟练程度,更重要的是能在所学知识的基础上有所提升,我想这应该是练习课的核心所在。让我们在研究中一起去发掘练习课背后的要义吧!

2019年4月24日下午,我第二次走进了孟老师的课堂,孟老师执教的是一年级数学"分类与整理"的第二课时。

课一开始,孟老师首先出示了一幅4个家庭在一起的例题情境图,问学生:"他们想要干什么?"学生有的回答郊游、有的回答野餐、有的回答一块儿见见面……接着孟老师问学生:"如果将他们分成两组做游戏,你们可以怎样分组呢?"师生在对话中大致产生了5种不同的分法,师依次进行相应的板书:

第一种:按男女(性别)来分:男(6人),女(6人),共12人;第二种:按大人、小孩(年龄)来分:大人(8人),小孩(4人),共12人;第三种:按左边和右边来分:左边(6人),右边(6人),共12人;第四种:按背包和不背包来分:背包(3人),不背包(9人),共12人;第五种:按家庭来分,一共有4家,每家3人,共12人。

在上述5种分法中,老师对其中的4种(第四种除外)制作简单的统计表,和学生一起完成表格内容,并让学生在小组交流中讨论这4种表格有什么相同和不同之处。

在巩固练习环节,孟老师设计了两道练习:

一是现场师生互动将班级学生男女生分成两组;

二是出示一些物品,让学生按照生活用品、学习用品和体育用品进行分类。

整节课听下来,整体感觉教学流程次序合理、设计得当,学生通过学习,学会了根据不同的要求进行分类并整理,应该能达到课时的教学目标。

听完课后,有几点感触很想和孟老师做交流,现写于此,仅供参考!

1. "从生活走向数学","走向"一词很重要

当下数学课堂教学中,有一种理念叫"数学生活化",意思是说我们的数学教学必须从学生生活实际出发,让学生学习生活中的数学。

这一理念本身没有错,但在实际的教学过程中,有的老师在操作的过程中出现了问题,主要表现在:从生活出发了,但没有走向数学;一节课40分钟,在生活中停留的时间过长;生活与所要学习的内容关联度不大,为了生活而生活……数学姓"数",不姓"生"。

本节课的教学意图是让学生感受通过对现实情境的分类,初步体会用简单的统计表对数据进行整理,为后续学习统计做铺垫。

在教学的过程中,如果过多地纠缠于分类标准,比如除了上面的5种分类标准,在课堂上有的学生还说"可以从短发和长发进行分类""可以从手牵小孩和没牵小孩进行分类""可以从有帽子的和没有帽子的进行分类"……没有抓住所要教学的统计表的价值,就会导致在"数学"的门口转悠,失去数学课堂的本质。

2. "教师要研读教材","研读"一词很重要

在进行一节课的教学时,教师首先要做的是思考这节课所学内容的基础是什么,它对后续的学习有着怎样的作用。这里的基础可以是知识基础,也可以是生活基础。这里的对后续学习的作用也包括两个方面:一是思想层面的(问题解决的方式方法),二是知识层面的(数学的特征,即"一环套一环")。没有这样的研读,我们的教学就会很容易走偏方向,就会"杂施而不孙,则坏乱而不修"。

"分类与整理"这一单元,第一课时是让学生在分类的基础上,初步感受"简单"统计图(条形统计图的雏形)的价值;第二课时仍是在分类的基础上,让学生初步感受"简单"统计表(无表头无合计等栏目)的价值,为后续正式学习统计的知识埋下"种子",感受统计的意义和价值。

在本节课的教学中,教师将用统计表进行整理数据的好处用"舒服"一词进行表述,我以为欠妥,用"简洁""便捷"等词表达更为妥当,更贴切数学本身。巩固练习的第2题:将很多种物品按照生活用品、学习用品和体育用品进行分类。教师采用的方法是在生活用品上打"√",学习用品上画"○",体育用品上画"☆",然后依次数出生活用品、学习

用品和体育用品的个数,填入括号里。这种方式虽然可行,但已经远离了本节课所要体现的统计表的意义和价值。

3. "让学生学会数学思考","学会"一词很重要

为什么一、二年级成绩差不多,到了中高年级,学生的成绩差距会越来越大？导致差距大的原因是学生不会阅读。苏霍姆林斯基不止一次强调:要让学生在阅读中思考,在思考中阅读。

苏霍姆林斯基抓住了问题的实质:"阅读"和"思考"。思考一词,对于数学学科而言,我觉得就是数学思维。对一、二年级学生而言,即使不用数学的思维方法,照样能学会所要学习的知识。但是随着年级的升高,数学思维方式的作用会越来越重要。那些在一、二年级时由于听课习惯不好,忽略了长期的思维锻炼的学生,或者老师没有意识到要对学生进行数学思维上的训练,到了中高年级会感觉到学习越来越困难。

本节课的教学可以非常好地渗透"检验"的方式。以例题的情境图为例:如果是以性别为例,知道一共有12人,数出男生有6人,问女生有多少人？可以通过两种方法得出:一是继续数出女生的人数,二是用总人数减去男生的人数,其中的一种方法都可以用来检验另一种方法。孟老师忽视了第二种方法。虽然对本节课知识的掌握没有任何影响,但巧妙地错过了让学生学会检验的方法,对以后的学习会有影响。当然这种"检验"的方式在巩固练习中对全班学生进行分类时同样适用。如果教师有这样的意识,例题的教学和巩固练习的教学该是多么好的教学契机啊！

再来看巩固练习第1题将全班学生分为男生和女生,问男生有多少人？孟老师让全班男生起立,找一位女生到前面来数男生的人数。数完后,孟老师确认学生数得对不对的方法是老师自己再次数一遍。这只是重复之前的行为,而不是"检验"！

虽然孟老师说是按照小组的顺序来数,但是数完第一小组的人数后,第二小组是接着第一小组后面数的,和学生的数法在本质上一致的。如果孟老师能在此稍作改变,数完第一组后在黑板上板书第一组男生的人数,数完第二组、第三组、第四组后分别依次板书相应的人数,然后问学生怎么知道刚才这位同学数得对不对？学生自然想到只要将黑板上的四个数字加起来看是不是和她数的一样就可以了,我以为这才是一种"检验"的方法！

课堂是一个智醒的地方

第二学期开学后,廖莉萍老师加入了我工作室,她设计一节六年级"圆柱的认识"一

课邀请我去听。

在听课之前,我以为"圆柱的认识"这节课的教学内容是很简单的,但听课之后,我的观点却截然不同。之所以认为很简单,是因为圆柱这一立体图形在学生生活中经常见着,学生对此再熟悉不过了,而这节课教学的就是认识圆柱,应该很简单。之所以听完之后观念发生了变化,是因为学生的想象力和思考力让我不得不回到对数学本质的思考上来。

中国台湾著名漫画家朱德庸先生曾说过:"童年的力量是非常大的,因为小孩子世界里永远有无穷的想象力和创造力,在未来的时代,我们需要的就是这种想象力和创造力。"

是什么让童年的想象力和创造力得以涵泳?对于数学教学而言,我以为就是数学思考!一个经常喜欢数学思考的学生,他一定对数学充满喜爱,在数学学习的过程中,一定会充满想象力和创造力。

在学习圆柱的特征时,廖老师让学生四人一组进行讨论。学生讨论得出:圆柱有上下两个底面,上下两个底面都是圆形;还有一个侧面;圆柱还有高。

这些讨论的结果都是学生结合生活中圆柱的实物或以前学过的立体图形(长方体和正方体)类推到圆柱上的。在下面两点上,我对廖老师肯定的同时,又提出自己的想法。

1. 圆柱的上下两个底面为什么相等?

当学生讨论出上下两个底面都是圆形时,廖老师问它们相等吗?学生异口同声说相等!这是生活经验告诉他们的。廖老师接着追问:为什么相等呢?这样的追问恰到好处,让学生从感性一下子走进理性,给学生深入思考提供了机会。过了一会儿,学生举手回答:

生1:圆柱的侧面展开是长方形,底面展开是长方形的长,就是底面圆的周长,周长相等,所以上下两底面相等。

生2:我量了一下直径,上下两个圆的直径是相等的。

生3:我是把圆柱竖放在本子上的,用笔圈一下,再倒过来放,正好重合,说明上下两个圆的大小是相等的。

试想,没有老师这样的追问,哪来学生这么精彩的回答?

但是,我觉得还需继续追问下去:上下是一样大的圆,就一定是圆柱了吗?如果这样追问,学生一定会有新的思考和新的回答。遗憾是因没有了追问,也就无从得知答案!

2. 圆柱的高为什么有无数条？

什么是圆柱的高？廖老师还是放手让学生分成小组，合作完成，然后小组汇报。一小组在汇报时指出：展开的长方形的宽就是圆柱的高，因为宽有无数条，而且相等，所以圆柱的高也有无数条也相等。一小组指出：两底面之间的距离叫高。

我认为，此处至少有两处需要追问：

(1)何谓距离？

对于距离的概念，小学数学教材多次出现。比如：在两点之间有很多种线，其中有一条直的线段是最短的，我们称作为两点之间的距离；经过一点向已知直线画很多条线段，其中垂直的线段(垂线段)最短，这条垂直的线段叫作点到直线的距离；两条平行线之间的距离处处相等；等等。

对此，教师有必要帮助学生针对"距离"一词按照搭配的方式给学生建立系统知识：点到点的距离；点到线的距离；点到面的距离；线到线的距离；线到面的距离；面到面的距离。

(2)两种"无数"相同？

一种"无数"：圆柱侧面展开是长方形，长方形宽相当于两条平行线(长)之间的距离，有无数条，所以圆柱的高有无数条。

另一种"无数"：上下两底面之间的距离叫圆柱的高，有无数条。

当我们建立"距离"这一概念时，不难发现，第一种"无数"其实就是两条线之间的距离，第二种"无数"是两个面之间的距离；第一种"无数"是在一个面上，第二种"无数"是在一个体上。因此，两种"无数"相异。

苏格拉底的"产婆术"分为四个步骤：讥讽、助产、归纳和定义。我认为，"讥讽"即为不断地追问，在"讥讽"中教师适时地"助产"，最终"归纳"和"定义"的知识才是有根的。反思当下的小学数学课堂，教师直接先从"助产"开始，有时甚至直接"归纳"和"定义"，"虽终其业，其去之必速"。

所以，当我们的数学课堂时时处处装着思考，就一定会经历很有价值的探究过程。而这样的经历过程对于学生而言尤为重要，甚至远远比习得的死的知识重要。

为了教师，最终为了学生

孙慧芳老师刚走上工作岗位的第一年，学期初学校安排了我做她师父。孙老师是一个新教师，从开学到现在，我多次走进她的课堂，欣喜地看到了她的教学一次又一次进步。

2019年12月2日至6日,学校组织青年教师课堂教学大比武,作为刚工作第二年的新老师,她竟然获得第二名的好成绩。

回想开学初,我走进孙老师的课堂,她上的是"用数对确定位置"一课,她在讲台上讲着,无暇顾及学生,一节课的教学内容很快就讲完了。看着身边的学生大部分还都没有消化课堂所学,我很是着急。

下课后,我跟孙老师交流道:教小孩子和教大学生不一样。大学老师上课才主要是以讲授为主的,如果你只顾自己讲个不停,小孩子听着听着就会掉队的。问题让学生去提,答案让学生去回答,要多与孩子交流。

比如:小明坐在教室的第3列、第4行,用数对表示为(3,4),这句话不是老师一下子把它说完的。我们可以这样和学生交流:

师:小明坐在教室的第几列?我们一起来数一数好不好?(师生一起数,得出在第3列)

师:小明坐在教室的第几行呢?哪位同学愿意来数呢?(请举手的学生来数)其他同学看他数得对不对?

师:小明坐在教室的第几列?(生回答:第3列)第几行?(第4行)那么,我们可以用什么数对来表示……

就这样,我们一直交流了一节课。

经过一段时间的教学实践,孙老师在慢慢地成长、慢慢地进步,作为师父,我很欣慰。

今天,孙老师主动邀请我去听一下她的课,我安排好自己的事后就去了。

孙老师讲的是"三角形的面积"一课。课的开始,孙老师先出示四种图形:长方形、正方形、平行四边形和三角形,问学生它们分别叫什么图形,怎么计算它们的面积。进而揭示本节课所要学习的内容是三角形的面积计算。然后,孙老师创设了一个情境:喜羊羊和美羊羊各有一块三角形的地,如果它们要进行交换,你觉得可以吗?接着出示四个问题:

1. 选择哪两个图形?

2. 可以拼成什么图形?

3. 拼成的图形面积你会算吗?

4. 拼成的图形面积与原来图形有什么关系?

在小组合作操作和教师的演示过程中得出三角形面积计算公式,在课的最后,孙老师又用学过的知识解决了课前喜羊羊和美羊羊换地的问题。

作为工作第一年的新教师,课能上到这样,已经是很不错了。我心里这样想着。

课后,在交流中,我向她提出更高的要求,希望她能做到。

我说道:"课堂教学不仅仅要教给学生知识,更重要的是要让学生学会学习的方法。学生学会学习是最重要的。比如,通过这节课的学习,学生学会了三角形的面积等于底乘高除以2,学生记住了也会运用了。那么三角形的面积计算公式是怎么得到的呢?为什么用底乘高除以2,底乘高是把三角形转化成上节课刚学会的平行四边形的面积,除以2是因为平行四边形是由两个一样的三角形拼成的啊!也就是说这里是把三角形转化成平行四边形。我们在学习平行四边形面积时不也是把它转化成长方形吗?下节课学梯形的面积不是也采用同样的方法吗?"

遇到一个新知识,学生能用学过的方法进行解决,这就是教学最大的成功。

课堂教学前期的一项重要工作就是备课,这是老师们再熟悉不过的了!我们应该经常自己反省一下:备课,我们用心了吗?我们虽不能像《论语》中的曾子所云"吾日三省吾身",但面对备课这一问题,确实需要好好地去思考一番。

那备课是什么?我觉得,备课要有三个意识:人的意识、课程意识、反思意识。下面,通过我对这三个意识的思考与孙老师一起共勉!

1. 人的意识:备课不仅仅关注学生,更要关注教师自己

《教育学》里讲:课堂是由三要素——教师、学生、教材构成的,不管教学的主体是谁(是学生,是老师,还是二者兼具),至少是人。教师和学生占据着教学三要素中的两个,理应在备课中得到关注。对此,有的老师会有这样的疑惑:教师在备课时需要关注学生,为什么还要关注教师自己呢?

在《学记》里,有这样的一个词叫"教学相长",这个词完完全全说的是教师在教学过程中出现的问题以及如何解决。"是故学然后知不足,教然后知困",教师在教学之前,不是所有的知识都知道,教师备课的过程其实很大程度上就是学习的过程。

只有在备课的过程中学习了,才能知道自己存在的问题,教学时才能发现自己的困惑。这个困惑包括两个方面:一是在看似完美的备课环节上,为什么学生都会出现同样的问题,这是教师的一个困惑;二是教师在教学过程中有时自己把自己讲糊涂了,这是另一个困惑。

因此"知不足,然后能自反也;知困,然后能自强也",这是备课的关键所在,即需要课后自我反思,并寻求最佳的解决方案。当然,这在备课的第三个意识"反思意识"中我会说到。

2. 课程意识：备课不仅仅关注教学内容，更要站在课程的视角

课程不是教材。教材是死的，课程是活的。教材是由一本或几本书构成的，而课程必须有人的参与。因此，从某种层面上讲，教师本身也是课程。也就是说，为什么不同的老师教授相同的教材，会出现完全不一样的课堂。教师本身是课程，而不是指教师开发的课程（教师开发的课程即教师课程）。

从课程意识的角度去思考，教师在进行备课时，就不能简简单单地去思考一节课该如何教学，而是要站在一册教材，站在整个小学阶段，甚至是站在学生一生的发展角度去思考该如何进行备课。这就需要教师在备课时有课程意识。

以一学期的教学为例，一个学期的教学时间是固定不变的，一册教材所规定的教学内容也是固定不变的，而通常一个学期的教学时间要比一册教材教学内容多出 25% 左右。这 25% 左右的时间该如何安排？如果教师没有课程意识，则会白白荒废掉！

3. 反思意识：备课不仅仅思考如何进行教学设计，更要课后勤反思

反思虽然在一节课结束之后，但是反思在备课中有着非常重要的作用。新基础教育的创始人叶澜教授曾说过："一个教师写一辈子教案难以成为一个名师，但如果写三年的教学反思，则有可能成为名师。"这句话我虽然没有经过实践的论证，但我想常常写教学反思肯定比写教案更有意义和价值。

新教育实验的倡导者朱永新教授曾经开玩笑地和老师们讲，坚持每天写 1 000 字教学反思的老师，10 年后，如果这样的老师不是名师，他愿意给这个老师 100 万的赔偿。

备课不等于写教案、抄教案

这一点老师们心知肚明，但不得已而为之。教案年年写，抑或年年抄，自己在教学上没有一点点长进，这是常理。课堂教学时，将抄好的教案放置在一边，置若罔闻，信口开河，想怎么讲就怎么讲。长此以往，应付了检查，浪费了时间。

备课不等于找教案、找课件

随着现代技术的发展，教学技术手段有意无意、主动被动地涌进学校、进入课堂。老师们觉得这个新颖、那个不错，就这边借鉴、那边粘贴，"缝缝补补"完成备课任务。还有的老师喜欢在教学前上网查找相关的教学设计、配套课件、教学视频等，遵循"拿来主义"。长此以往，教师失去了对教学的思考和课堂的驾驭能力。

带着这样的三个意识进行备课,相信孙老师一定会有新的发现。

数学教学必须要有"暗线"

记得学生时代,语文老师在分析一篇小说时,常会指出小说的明线和暗线。明线,我的理解就是故事的发生、发展过程,也就是读完文章之后读者第一眼就能看出来的事情的线索。而暗线就是隐藏在文章里面的线索,需要对文章反复阅读,甚至要了解作者写作背景,通过反复揣摩才能找到。

一节数学课,也有明线和暗线吗?

我以为,数学课当然存在明线和暗线!数学课的明线是什么?暗线又是什么?

有人认为,明线就是所要教学的知识和技能,暗线就是情感、态度和价值观的渗透,对此我不太认同。

听了张艳丽老师"平行四边形的面积"一课后,我试图去寻找数学课的明线和暗线。

明线:需要习得的知识结构体系

我觉得,数学课的三维目标都应该是明线,因此知识与技能、情感与态度以及价值观是一个不可分割的整体,作为教学的目标在课堂教学中应该融合达成。

张老师教学语言严谨,教学结构清晰、层次分明,从学生的掌握情况看,绝大部分学生学会了平行四边形的面积计算公式以及面积公式的推导过程,因此教学效果好,达到了预期的教学目标。

这节课从学生熟悉的情境图——校园门口的两块花坛,一块是长方形,另一块是平行四边形导入,让学生思考这两块花坛的面积哪个大。进而通过在方格图上数方格的方法数出平行四边形和长方形都是 24 格(不满一格按半格计算),得到它们的面积一样大;接着老师引导学生通过小组合作、操作将平行四边形沿着高剪开,剪拼成长方形,发现拼成的长方形的长相当于平行四边形的底,长方形的宽相当于平行四边形的高,因为在剪拼的过程中,面积没有发生变化,所以平行四边形的面积等于底乘高。最后通过相关的练习加以巩固。

一节课顺利、流畅、高效,但课后与张老师交流时,总觉得缺少些什么。

暗线:需要渗透的数学思想方法

在数学教学中,我所理解的暗线就是学生学习的方法。

在张老师的数学课堂中,当学生通过数方格(不满一格按半格计算)得出平行四边形的面积和正方形的面积都是24,长方形的长是6,宽是4,因为长方形的面积等于长乘以宽,平行四边形的底是6,高是4,那么平行四边形的面积等不等于底乘以高?至少这个平行四边形是的,那么是不是所有的平行四边形的面积都等于底乘以高呢?这是问题的关键所在!

右图的平行四边形的面积也等于底乘以高吗?

我们还能通过数的方法解决吗?你有没有一种办法来证明平行四边形的面积一定等于底乘以高呢?这样自然引入平行四边形的面积推导,学生在推导的过程中,自然证实平行四边形的面积就等于底乘以对应的高。

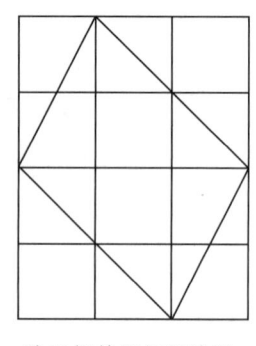

我设想的平行四边形

这样的过程似乎更有助于我们去寻找数学教学中的那一条"暗线",学生数方格得到平行四边形的面积等于底乘以高,这只是解决"是什么"的问题;剪拼的过程将平行四边形转化成近似的长方形得到平行四边形的面积公式解决"为什么"的问题,最后的练习也就是"怎么用"的问题。

其实,在我们的数学教学过程中,能经常将知识"是什么"、知识"为什么"、知识"怎么用"作为一条"暗线",相信学生将越来越会学习!

课上了,更要讲点什么

援疆支教一年半的时间里,我除了走进老师们的课堂,还会和老师们针对课堂教学一起思考、一起交流、一起探讨,在交流探讨的过程中互相学习。时间久了,老师们经常会邀请我去听他们的课,我的一些不成熟的想法和观点,老师们也都乐于接受。

我除了深入老师们的课堂去听课,有时他们也会走进我的课堂,老师们的好学精神深深地感染着我。

记得刚到123团中学不久,总有老师问我什么时候上课,想去听我的课。我总是高兴地回答:"随时都可以!"后来,我干脆将课程表复印了多份,只要有老师想去听我的课,我就将复印的课程表给老师,并且告诉老师,只要课程表上有我的课,什么时候都可以。这样的做法竟然被《奎屯日报》报道,并上了"七师零距离"微信公众号的头条!

在援疆的这段时间里,我执教了两节公开课并就两节课与老师们交流了我的设计意图,老师们反响很好。

把幸福种子播撒在孩子的心里

123团老师非常乐学,曾清楚地记得2018年11月29日,我给全校老师上了一节公开课,课题为人教版小学数学六年级上册"认识百分数"(第一课时)。因为这是一节数学课,我原本以为只有数学老师来听课,然而出乎意料的是,不仅数学老师来听了,语文、英语、科学、品德等其他学科的老师也来了,甚至体育老师也来听我上数学课,教室里济济一堂。老师们这种好学的精神和态度深深地影响了我,同时也增添了我奉献新疆教育事业的更大动力。下面是我执教的"百分数的认识"一课:

1. 巧设平等对话,缓和紧张氛围

师:今天来了这么多老师听课,大家紧张吗?

生(齐):不紧张。

师:不紧张,大家还坐得这么直?稍微放松一点好不好?(学生稍微放松了一些)

师:为了缓解一下紧张的情绪,我们先来聊一聊!

(出示:你会思考吗?)

生(齐):会。

(出示:你思考过自己吗?)

生(齐):思考过。

(出示:我是谁?我从哪里来?我的理想是什么?)

生:我叫刘俊驿,我从妈妈肚子里面来,我的理想是当一名作家。

师:很不错的理想,祝你梦想成真。

生:我叫李雪瑞,我也从妈妈肚子里来,我的理想是做一名面点师。

师:你的理想也很不错。如果你对面点很感兴趣,老师相信你,将来肯定会成为一名出色的面点师!

生:我叫刘启,我的理想是当一名科学家。

(刘启是一个单亲家庭,妈妈在他很小的时候就出走了,所以他没说他是从哪里来的。)

师:(走到刘启跟前)老师为你竖大拇指!科学家,一个很高远的理想!相信只要通过努力,你一定会实现理想。

师:大家都是从妈妈肚子里来,有没有不是从妈妈肚子里来的?(生哈哈大笑)

师:同学们,对自己思考的过程其实和数学学习的过程是一样的。"我是谁"就相当

于"我们要学习的知识是什么","我从哪里来"就相当于"我们学习的知识从哪里来","我的理想是什么"就相当于"我们学习的知识有什么用"。我们只要经常问问自己：今天我们学什么知识？这个知识从哪里来？它有什么用？相信你的数学会越来越棒的！好,现在还紧张吗？

生(齐)：不紧张了！

师：既然不紧张了,那么我们就开始上课了！

(师生问好)

【设计意图：课堂教学过程应该是老师和学生对话的过程,这一对话过程必须以老师和学生民主、平等为前提。这样的对话,能让学生感受到和老师一样,也是课堂的主体。学生以这样的主体才能投入课堂的学习,才能心无杂念,才能说出真实想法,才能为接下来的数学学习发掘出自己的潜能。通过向学生提出三个问题——我是谁？我从哪里来？我的理想是什么？巧妙揭示数学学习过程和思考自己人生的过程其实是一致的！】

2. 追忆系统结构,初寻知识溯源

师：同学们,数学其实就是和"数"打交道(出示：数)。这个学期从开学到现在,我们和哪种数打交道最多？

生(齐)：分数。

师(出示分数)：那么"数"和"分数"之间有怎样的关系呢？

生：分数是属于数的一种。

师：如果用一个大椭圆表示"数",用这样的小椭圆表示"分数",老师这样表示,你同意吗？为什么？

生(思考后齐回答)：同意！

师：我们曾经学过它们的关系,这样表示没有问题。今天这节课,我们学习一种新的数,叫百分数(板书课题：百分数)。百分数是一种什么样的数呢？如果我再画一个小椭圆表示"百分数",老师这样表示,你同意吗？

生(齐)：同意！

师：百分数还没学,就都同意了？等学完了,大家自会明白的！这个问题我们先放一放,学完这节课后,答案自然见分晓！

【设计意图：人教版六年级第一学期的前半段主要学习有关分数的乘法、除法及其实际应用,我首先以"这个学期和哪种'数'打交道最多？"这样的问题引入,学生自然想到的是"分数"。在教学新课之前,我通过集合图的形式将"分数"纳入"数"的集合体系中,接着以"百分数"是否又能纳入"分数"之中?学生认为"理所应当",带着这样的疑惑进行新知的学习,不仅为接下来的教学埋下伏笔,而且更有利于对"百分数意义的理解"这一教学重难点的突破。】

3. 链接生活情境,引入新知学习

师:下面老师放一段视频,请同学们认真听、仔细看,告诉我视频里有没有百分数。

(学生观看视频)

视频内容:新疆全区常住人口中,男性人口为1199.47万人,占50.83%;女性人口为1160.26万人,占49.17%。本次统计抽样人数占全区总人数的1%。

师:百分数在哪里?

(老师根据学生的回答,用红色框出视频中的三个百分数,并将这三个百分数板书在黑板上,同时板书完整:像50.83%,49.17%,1%,……这样的数叫百分数。)

师:(指着省略号问学生)这里我为什么加上"……"?

生:因为百分数不止这3个,还有其他很多!

师:你真厉害!因为百分数和分数、整数一样,都有无数个,写不完,所以,后面我加了省略号。既然百分数还有很多,在生活中你见过百分数吗?

(让学生说出生活中的百分数,老师板书在副板书位置)

生1:下载文件时,我见到过进度条显示35%。

生2:衣服标签上有63.2%。

生3:我见到过一种饮料上标有99%。

师:大家说了这么多百分数,你知道百分数表示什么吗?

师:百分数其实很简单,它表示一个数是另一个数的百分之几(板书:百分数表示一个数是另一个数的百分之几),比如刚才视频中的50.83%就表示全区的男性人口占全区总人口的50.83%。那49.17%表示什么呢?谁来说说?

生:表示全区女性人口占全区总人口的49.17%。

师:那1%呢?

生:1%表示抽样人数占总人数的1%。

师:刚才说的35%、63.2%、99%这几个百分数又表示什么意义呢?

生:35%表示已经下载的文件占全部文件的35%。

生:63.2%表示的是衣服上的(这种含量)占全部的63.2%。

生：99％表示这种(口味)含量占(这瓶)饮料的99％。

师：百分数通常不写成分数形式，而在它原来的分子后面加上百分号"％"来表示，读作"百分之……"。比如：14％读作百分之十四，65.5％读作百分之六十五点五，120％读作百分之一百二十。

(出示教材第83页"做一做"的第1题：写出下面的百分数：百分之一，百分之二十八，百分之零点五)

师：请同学们打开数学书第83页，完成83页"做一做"的第1题。(学生完成后集中反馈)

(出示"做一做"的第2题：读一读下面的百分数：17％、45％、99％、100％、140％、0.6％、7.5％、33.3％、121.7％、300％)(学生完成后集中反馈)

师：这里的100％，有的学生读作百分之一百，有的学生读作百分之百，这两种读法都可以的。

【设计意图：数学源于生活，但高于生活。很多数学知识可以从生活中找到。但学生并不理解生活中的数学知识的本质。所以，以生活中学生曾经听过或似曾听过的新闻中有关于新疆全区人口男性和女性的比例引入新课的教学，学生感到数学就在身边。虽然这些生活中的百分数意义并不是那么清晰，但因生活会生发的求知欲，学生自然想一探究竟。这样的求知欲是接下来理解35％、63.2％、99％这三个百分数意义的基石。】

4. 精心诠释名字，用心关注细节

师：看来同学们对百分数掌握得都非常好，百分数这种数很特殊，它还有别的名字吗？就好像我们一样，在学校有一个名字，在家里又有另外一个名字。在家里有一个与学校不一样的名字的同学请举手？(有超过一半的学生举手)

师：钱佳宝同学，难道你在家里的名字叫宝宝？(钱佳宝不好意思地点了点头)

师：百分数，比我们还厉害，它还有两个小名字，一个叫百分率，另一个叫百分比。(板书：百分数又叫百分率或百分比)同学们注意了，我们前一段时间学习过"比"，千万不要把"百分比"看成一个"比"，那就闹笑话了！百分比和百分率只不过是百分数的另外两个名字而已。

【设计意图：《礼记·学记》里有这样的一句话，"善歌者，使人继其声；善教者，使人继其志。其言也，约而达，微而臧，罕譬而喻"。意思是说，会教的人用简单的道理就能将事情说得清楚明白。对于百分数又叫百分率或百分比，很多老师通常是一带而过。我在设计教学时，费了一番脑筋，不是直接告知学生百分数又叫百分率或百分比，而是将百分数拟人化,让学生想一想自己的名字。出于父母或爷爷奶奶的爱,通常孩子在家里都会有一个"小名"。我抓住"小名"这一学生熟悉并感兴趣的点,进行百分数两种表示方法的教学,一下子让百分数有了生命,易于学生接受和理解。】

5. 练习巩固新知,渗透思想教育

师:同学们学得真不错,下面我们来练习几道题,看看大家掌握得怎么样?(出示教材第86页"练习八"的第1题:读出服装中各成分的百分数。)

师:你能分别说出每个百分数所表示的意义吗?

(学生分别说出每个百分数所表示的意义)

师:从三种服装中各成分的百分数中,你发现了什么?

生:我发现每种服装的成分加起来正好是百分之百。

师:你真厉害,我们一起来验证一下,看看加起来是不是百分之百。$86\%+14\%=100\%$,$63.2\%+36.8\%=100\%$,最后一种服装,$60.2\%+36.4\%+3.4\%$也是等于100%。

师:为什么加起来正好是100%呢?会不会大于100%或者小于100%?如果你需要和同桌交流,也可以同桌两人交流交流!

(学生有的在独立思考,有的同桌在交流,老师走近学生或观察或交流)

生:加起来必须是100%,说明这两种(三种)成分加起来正好组成这一件衣服。

生:不会大于100%,因为100%表示的是全部,也不会小于100%,如果小于100%说明这种服装里面还有别的成分!

师:同学们真会思考,回答得都很好,看来你们对百分数所表示的意义真正理解了。我们再来看下一题。

(出示"练习八"的第2题,写出下面的百分数:世界总人口中几乎有50%的人口年龄低于25岁;有29%的少年儿童表示"目前最要好的朋友"是老师;感冒90%左右是由病毒引起的,10%左右由细菌引起。)(学生独立完成,并汇报)

师(出示第3题):根据下面的百分数,用涂色的方式设计出你喜欢的图案。

(学生动手设计、展示自己设计的图案)

师:老师课前也设计了自己喜欢的图案,同学们想不想看?

生(齐):想。

师(出示设计的图案):知道薛老师为什么喜欢这个图案吗?薛老师来到新疆后,经常看到这样的一条标语——习近平总书记和新疆人民心连心!所以我设计了"心""连""❤"这个图案送给大家。习近平总书记关心着我们的学习生活,勉励我们好好学习,天

我结合练习设计的"心连心"图案

天向上。我希望,我们每一位同学,牢记总书记的嘱托,好好学习,将来报效祖国!同学们说,好不好?

生:我们今天能坐在这宽敞明亮的教室里面学习,我要感谢祖国!我一定要好好学习,将来为我们兵团美好的明天贡献力量!

师:老师相信其他同学和你想的一样!只有从小学习扎实的知识,将来才能更好地报效祖国,我们一起努力!

【设计意图:学科教学不能只局限于本学科知识的学习,而是要设法重视渗透对学生的思想教育,而这又往往被老师们忽视。如果一个人没有好的道德品性,所学的知识越多,那么他对社会的危害就越大。作为数学老师,我们不仅要让学生熟练掌握数学知识,还要加强道德教育。让学生在方格图上设计百分数这一看似简单的练习,在我的精心设计下,变成了很好的爱国素材,很好地渗透了爱国主义教育。】

6. 感悟数学思想,培植思辨种子

师:其实不仅在生活中,我们经常见到百分数,在语文学科里面也隐藏着百分数呢!老师这里有一些成语,你能不能把这些成语用百分数来表示?(依次出示成语:百里挑一、百发百中、半壁江山、一箭双雕、十拿九稳、大海捞针)

生:百里挑一1%,百发百中100%,半壁江山50%,一箭双雕200%,十拿九稳90%,大海捞针0%。

师:有不同意见吗?

生：我觉得，大海捞针不是0%，应该是0.000001%，因为虽然大海捞针可能性很小，但也不是不可能的，万一捞到呢？所以不是0%！

师：大家同意他的观点吗？（有的学生点头，有的学生摇头）

师：你所说的0.00001%这个百分数，小数点后面到底有多少个0啊？

生：有很多个0吧。

师：那中间可以用省略号表示吗？就像这样。（板书：0.000……01%）

生：可以。

师：那1和$0.\dot{9}$相比较，谁大？

生：1比$0.\dot{9}$大。

师：$0.\dot{9}$表示后面有无数个9，用1－$0.\dot{9}$，应该是0.000……，后面有无数多个0，既然有无数多个0，那后面会不会出现1呢？（不会）所以1－$0.\dot{9}$就应该等于0！说明1和$0.\dot{9}$是相等的。这里面涉及极限的思想，等到我们学《高等数学》，大家就会明白了！大海捞针的可能性是非常非常小，几乎不可能，所以我们就用0%表示！

（出示"天才等于1%的灵感加上99%的汗水。"）

师：知道这句话是谁说的吗？（出示爱迪生的照片）就是他说的，知道他是谁吗？他就是大发明家——爱迪生。

师：谁来说说这句话中的两个百分数"1%""99%"是什么意思？

生：灵感占天才的1%，汗水占天才的99%，说明汗水重要，后天的努力重要。

（接着将名言后面一句出示完：但那1%的灵感是最重要的，甚至比那99%的汗水都要重要。）

师：如果将这一句的灵感和汗水也分别用百分数来表示，你觉得灵感和汗水应该分别用哪两个百分数来表示呢？（学生困惑）

师：1%的灵感最重要，甚至比99%的汗水都重要，从它们对天才的重要性角度讲，灵感应该超过50%，汗水应该小于50%。当然，从天才的组成角度讲，灵感只占1%，汗水占99%，只是我们看的角度不一样而已。这是一个哲学问题，等到同学们上到高中、大学，学了哲学之后，你就会明白其中的奥秘！

【设计意图：对于百分数的认识的教学，我们不能仅停留在理解百分数的意义，会读会写百分数，而是学生在课堂上的生长，这里的生长不仅仅是知识层面上的生长，而是数学素养方面的提升。数学有很多的思想，极限思想就是一种数学思想，在小学数学教学中,我们不能为教某种思想而教,而是应该在教学过程中适时渗透,让学生有所感悟,给学生种下一粒种子;数学是需要思辨的,没有思辨的课堂就是死的课堂,有思辨的课堂才是活的课堂,1和 $0.\dot{9}$ 究竟谁大?为什么1％摇身一变成了比50％大,99％反而变得比50％小?这些都为学生的思辨提供了很好的素材。我觉得这样的教学是有意义的,更是有意思的!】

7. 经历思维过程,重建新知结构

师:学完了百分数后,小明说:"百分数很简单,百分数就是分母是100的分数。比如 $\frac{27}{100}$,写成百分数就是27％。"(出示小明说的话)为此,他还写了一篇小文章……,想不想看?

生(齐):想!

师:我们等一会儿看,先看一下另一位同学怎么说的。小芳说:"不对,百分数表示一个数是另一个数的百分之几,它只能表示一种关系。而分数不仅可以表示一种关系,还可以表示具体的数量。比如把1米平均分成100份,其中的27份的长度就只能用 $\frac{27}{100}$ 米表示。如果写成27％米,那就错了。"你觉得谁说的对呢?(出示小芳说的话)

生:小芳说的对!

师:为什么小芳说的对呢?

生:因为百分数表示的是一个数是另一个数的百分之几,既然是百分之几,那就不能出现27％米了!

师:说得更简洁一些,就是百分数后面不能带单位喽?

生(齐):是的。

师:我们一起来看看小明写的小文章吧!(生默看)

今天,我学习了百分数,感觉百分数用处可大了,生活中常常可以见到百分数。晚上放学回家,我走了50％千米的路就到家了,心情特高兴,用的时间是以前的80％,所以速度比以前快多了。到家后,我看见桌上有两个苹果,我吃了一个。咦?用今天所学的百分数表示,不就是吃了苹果总数的50％吗?吃完晚饭,我就抓紧时间写作业,只用了75％小时就做完了所有作业。妈妈夸我是一个好孩子。我今天真开心!

师:看完了小明写的文章,你们有没有发现什么问题?

生:50％千米、75％小时,这两个百分数不能这样用,它们后面不能带单位。

师：还记得课前的那幅图吗？（再次出示课前的集合图）百分数属于分数吗？（学生摇头表示不是）

师：分数既可以表示具体的数量，也可以表示一种关系；而百分数只可以表示一种关系。（出示它们的关系图）

【设计意图：小学阶段学习的整数、分数、小数，这三种数既可以表示具体的数量，同时也可以表示一种关系。比如，整数：5厘米，5倍；$\frac{1}{4}$千克，$\frac{1}{4}$；1.2小时，1.2倍。而唯独百分数只能表示一种关系，对于这一教学难点，我首先从数、分数、百分数入手，让学生思考它们之间是否存在着包含的关系；接着学习百分数的意义，发现百分数没有表示具体数量这一说法；最后通过小明和小芳两个同学的观点，并再次通过百分数的意义加以验证，最终得出百分数与其他数的区别，加深对百分数意义的理解。】

8. 主动自我评价，创新结课范式

师：这节课的结束时间快到了，按照惯例，老师会让同学们说说今天这节课有哪些收获。我们今天改一下，你能按照这样的句式说一说吗？（出示句式）可以选择❤型中的词！

生：今天这节课，我"开心"占100%，因为我很开心！

生：我现在"喜悦"和"遗憾"两个词，"喜悦"占99%，"遗憾"占1%，因为我有一些小遗憾！

【设计意图：不同的学生在一节课上的收获肯定是不一样的，不同的学生对自己的评价也不尽相同。因此，为了尊重学生的收获，我将本节课所学的百分数的知识巧妙渗透在课堂小结中，一方面可以让学生进行客观真实的自我评价，另一方面也更好地运用所学的知识。】

课上完了，老师们也听完了。

有一位老师说："作为薛老师的学生真幸福！"老师们感觉意犹未尽，很想听我讲些什么？其实，老师们不说，我也会讲些什么。

11月30日的下午，老师们齐聚四楼的教研活动室，我以"幸福·思考·生长"为主题，并结合"百分数的认识"这节课与老师们进行了交流。现将交流的内容整理如下：

小学数学课堂应该是一个什么样子？我一直在思考这个问题！我以为，这也是一名小学数学老师应该思考的问题。

小学数学，是由"小学"和"数学"两个词组成的。从学段角度看，小学数学不同于中学数学、大学数学;从学科角度看,数学学科又不同于语文、英语等其他学科。它们之间虽然存在着许多共性,但小学数学课堂应该有着其自身独特的个性。

我认为,如果用一些关键词来概括的话,小学数学课堂至少应该有这样的三个关键词:一是幸福,二是思考,三是生长。

幸福:小学数学课堂追求的目标

幸福是人生奋斗的目标,也是教育所追求的终极目的。幸福是课堂教学的核心,没有了幸福,课堂就什么也没有了。当你走进教室,看到这个学生讨厌,看到那个学生不舒服,课上到一半带几个学生交给班主任去处理,这样的课堂,一定是不幸福的课堂;当你在教学的时候,看到有些学生窃窃私语、开小差、做小动作等,你就会大动干戈,不分青红皂白进行训斥,因为你以为学生们的行为耽误了既定的教学内容和进度,你会觉得不幸福;在课堂上,总存在个别学生,不管你怎么教,他就是不会,你会感到不幸福,因为你的付出没有得到回报。如此等等!

因此,幸福是课堂追求的目标,这里的幸福既是学生学的幸福,同时也是教师教的幸福。其实,在很多时候,教师教的幸福会直接影响着学生学的幸福。

苏霍姆林斯基曾说过:"如果你想让教师的劳动能够给教师带来乐趣,使天天上课不至于变成一种单调乏味的义务,那你就应引导每一位教师走上从事研究的这条幸福的道路上来。"

我是来自淮安市实验小学的一名数学老师,近些年来,我校倡导幸福教育,积极打造幸福课堂。只有课上得师生幸福,学生才会去学习、去思考、去成长,才会学有所得;教师才会去教学、去研究、去反思,才会教有所长。

幸福是课堂的出发,同时也是课堂的最终目的。或许,有的老师认为,课堂的幸福,那都是骗人的。我要说,幸福不是骗人的,幸福在课堂上是能够实现的,我一直在尝试实践之中。

我执教的这节"百分数的认识",可以说从课的一开始到结束,学生无不在幸福之中。当然,幸福不是从天上掉下来的,幸福课堂需要老师去精心设计。

课的开始,我问学生从哪里来?原本出发点是让学生去思考,但学生异口同声地说是从妈妈的肚子里来的,这个幸福是有温度的。

在教学过程中,我说:"百分数跟我们一样,它也有不同的名字呢,就像我们在学校有自己的名字,在家又有别的名字一样,钱佳宝同学,你在家里的名字叫宝宝吗?"钱佳宝同学点了点头,百分数又有什么其他名字呢?学生是不是很期待呢?百分数又叫百分率或百分比,百分数一下子就有了生命力。

在课快要结束时,我把"开心""喜悦""愉悦""幸福""欣慰""遗憾""快乐""激动""难过""惊喜""沮丧"……用爱心的形式圈出来,让学生从中选择一些词,说说自己这节课的收获。潘蓉同学主动举手了,她选择了快乐一词,她说这节课,我快乐占100%,因为我很快乐!潘蓉是我班的一名智力残疾儿童,她都能说出快乐占100%,我们难道还有什么理由不幸福?

思考:小学数学课堂教学的灵魂

我一直以为,对于小学数学而言,知识的获得与思考的过程相比,后者更为重要。

从天真烂漫富有想象力、创造力的一年级学生到了六年级,甚至到了初中高中,如果学生变得越来越不去思考,什么都等着老师去告诉他,变成一个知识接收的容器,这是一件多么可怕的事情!

有人说,数学是思维的体操,我更想说,思考是数学教学的灵魂。

我刚接手开这个班时,不管我问学生什么问题,学生都不举手,问这个不说,问另一个也不说。后来,我就问学生,你们今天吃早饭了吗?学生竟然也不回答。后来,我就每天上课前,先开火车,让每人说一句,想说什么就说什么,但前提是必须说。后来变成每人说三句,再到后来变成到讲台前面说……

就这样,学生变得越来越能说了,越来越会思考了。

在教学百分数只能表示一种关系,不能表示数量这一教学难点时,我设计了一个辩论会的情境:

小明说:"百分数很简单,百分数就是分母是100的分数。比如$\frac{27}{100}$,写成百分数就是27%。"为此,他还写了一篇小文章……(我故弄玄虚:"这篇文章想不想看?"学生都回答说想,我趁机说:"先把这个问题解决好,才能看!")

小芳说:"不对,百分数表示一个数是另一个数的百分之几,它只能表示一种关系。而分数不仅可以表示一种关系,还可以表示具体的数量。比如把1米平均分成100份,其中的27份的长度就只能用$\frac{27}{100}$米表示。如果写成27%米,那就错了。

你觉得谁说的对呢?

原本我很是捏一把汗的,但我的担心最终是多余。通过思考、辩论,学生们竟然自己顺利解决了教学难点。接着,我出示小明写的那篇小文章,通过让学生自行改错加以巩固百分数只能表示关系（分率）这一重要的知识点，收到了非常好的教学效果。

生长：小学数学课堂拔节的声音

一节课从开始到结束，学生必须要有生长，如果学生没有任何生长，那就是一节失败的课。

我用"生长"一词，而不用"学会"一词，原因是"生长"是学生主动地运用自己的思考去获取，这个过程是有力量的。而"学会"更多地强调教师的给予，教师的给予对学生而言是一个被动的过程。

我们有的教师一步一步小心翼翼地把知识一点一点教给学生，问学生学没学会，学生说学会了。试想一下，这样的知识有力量吗？有时甚至为了教而教，破坏了生长的节律。

叶圣陶说：教是为了不教。我们要教给学生方法，而不是长期地把详细的知识灌输给学生。

《孟子·公孙丑上》有一篇小文章叫《揠苗助长》：

宋人有闵其苗之不长而揠之者，芒芒然归，谓其人曰："今日病矣！予助苗长矣！"其子趋而往视之，苗则槁矣。

天下之不助苗长者寡矣！以为无益而舍之者，不耘苗者也；助之长者，揠苗者也；非徒无益，而又害之。

宋人所说"今日病矣，予助苗长矣"，不是他真的病了，而是他很辛苦，辛苦的原因是"助苗长"，其结果是"非徒无益""有害之"。现如今，有多少老师有着宋人之行为？正如孟子所云"天下之不助苗长者寡矣"！

百分数这一概念是学生在课堂上第一次接触，但生活中，学生也或多或少见过或听到过百分数，所以"百分数的认识"的教学要在学生已有生活经验的基础上进行深化，百分数和我们以前学习的整数、分数存在着很大的区别。因此，我要把百分数这棵"苗"种在"数"的土壤里，让它在具体的生活中生长。

比如：这节课，同学们学得非常认真，老师希望掌握这节课知识点的同学占到全班同学的100%；一本书已经看了全书的55%，还剩全书的45%未看；小欣的爸爸是著名的牙科医生，经他诊治的牙病治愈率达到了98%；据调查，我国儿童的肥胖率为8.1%。

为了学生的数学素养而教

2019年4月2日，我接到学校的通知，说让我们淮安的六位老师每人给123团中学的老师们上一节示范课。接到通知后,我就在思考,上什么内容呢?与其自己选择,倒不如把主动权交给听课老师们。我把这一想法反馈给邓校长。邓校长找到了数学教研组长,让组长推荐一节课。两天后,他们确定选择了四年级下册"数学广角——鸡兔同笼"这一课。我问其原因。黄红艳组长答道:"数学广角的内容,我们之前只是简单地和学生说一说,不会上这一部分的内容。另外,'鸡兔同笼'不好上,所以我们很想听听薛老师您是怎么上的。"既然老师们想听这节课,我就要认真地去准备!

4月12日,我的工作室迎来了第二次活动,活动中我给老师们带了"数学广角——鸡兔同笼"一课。在教学的过程中,我不仅注重知识的教学,更关注学生思维的启迪和品格的培养,从让学生学会数学思维的角度设计教学内容,取得了比较理想的效果。

1. 真情沟通:缓解在一个新环境的不适

师:现在还没有上课,我们先简单聊一聊,好吗?坐得这么端正,是不是有点紧张啊?

师:第一次到这里上课吗?(是的)我也是!我是第一次来这里上课,而且第一次给大家上课!你们是四几班的?(四4班)我知道四年级有4个班,四(4)班,你们是第四个班,它代表什么吗?有没有同学想过这个问题?(没有)现在想一想!

师:谁愿意把想法与大家进行交流?(没有学生回答)没有关系,你只要把你的想法说出来就可以。

生:因为4+4=8,8在人们心目中是"发"的意思。

师:你真厉害,老师为你竖大拇指!还有谁愿意说?(没有学生举手)这样,这个问题太难了,我们换一个好不好?

师:你们认识我吗?(有的同学认识,有的同学不认识)这样我们相互介绍一下,好不好?谁愿意介绍一下自己?

生:我叫孙家瑞,四(4)班的。

师:就两句话?还有没有要介绍的?你今年几岁了?(快10岁了)

生:我叫罗东浩,今年10岁了。

师:(问其他学生)你知道罗东浩同学是哪一年出生的吗?

生:2009年

师:怎么算的?(用2019减去10)

生:我叫李家豪,我今年11岁。

师:三位同学,大家都一样,介绍了自己的姓名、班级和年龄。那你有什么爱好啊?(我喜欢运动)具体点,喜欢哪项运动?(跑步)非常好,我也喜欢跑步,我们志同道合。

一番交流后,学生还是显得有些紧张!

师:大家不要这么拘谨好不好,我们课前相互交流,就是为了缓解一下紧张的气氛,结果大家到现在还坐得毕恭毕敬的,能不能放松一点?(能)

师:你们想不想认识我?(想)那是我告诉你们,还是你们来问我?同意我告诉你们的同学,请举手?(没有人举手)同意你们问,我回答的请举手?(都举手)那这样吧,大家来问我吧!

教学之前的热身活动

生:您今年几岁了?

师:哈哈!几岁?我是1981年出生的,谁告诉我今年几岁了?有的同学习惯非常好,拿笔算了。

计算后,有学生回答38岁!

师:对,我今天确实是38岁。还有什么问题?

生:你的名字叫什么?

师:(大屏出示:薛仕扣,并在薛上面加拼音 xuē)怎么读啊?(学生齐读)怎么称呼我啊?(薛老师)还有问题吗?我看了有的同学那个眼神,那个动作,想举手,但是又放下来了!

生:你有什么喜好吗?

师:我的一个喜好跟刚才那位同学一样,喜欢跑步,我的喜好非常广泛,喜欢读书,喜欢运动,琴棋书画我都喜欢。有没有同学问我,来自哪里?我来自江苏淮安,知道江苏淮安在什么地方吗?有没有同学去过啊?(没有)因为那个地方离这边太远太远了。我们一起来看一幅中国地图,一起来找一下江苏在哪里?淮安是属于江苏的一个市。知道我们现在在哪儿吗?(在地图上标出新疆生产建设兵团第七师123团中学的位置)远不远?横跨中国的东西部?我查了一下,大约有三千八百千米!非常非常远!那我们中国多大?你知道吗?(960万平方千米)我们国家国土面积这么大,在全世界排第几?(第三)我们新疆占全国总面积的六分之一。

好,差不多了,我们不再聊了!开始上课了,好吗?

【设计意图:课前师生谈话环节是在执教公开课时师生初次接触的一个必要组成部分。通过课前的谈话,一方面增强彼此之间的了解,另一方面缓解了在一个新的教学环境和有听课老师在导致的紧张压力。在此环节,我更想要在谈话的过程中融入数学的元素,比如算老师的年龄,了解中国国土面积、淮安与新疆的距离等,让学生感受生活离不开数学,并自然过渡到新课的学习中去。】

2. 巧妙导入:由中国地图形状迁入符号化的鸡兔

师:有人把我们中国地图比作一只雄鸡。(屏幕将中国地图换作一只雄鸡)

师:这只鸡有几个头?(1个头)几只脚?(2只脚)那我想要把这只鸡用符号表示出来,在自己的练习本上画一画。

学生动手画,师巡视。(可惜投影不能用,否则我将挑几个人画的给大家看一下)

师:我把我画的给大家看一下,鸡头我用一个圆圈表示,两只脚我用两条斜线来表示,能看懂吗?(能)我们来看一下,还有一只动物(出示一只兔子),兔子有几个头?(1个)几只脚?(4只)你能用符号表示出来吗?(学生动笔试一试)

出示兔子的符号表示(一个圆圈加四条斜线)。

【设计意图:从中国地图到雄鸡再到鸡的符号化再到兔的符号化,从生活中的鸡和兔抽象成符号化的鸡和兔,不仅让学生感受数学好玩、有趣,而且为接下来的问题解决做非常必要的准备。】

3. 初示练笔,为解决"鸡兔同笼"问题做铺垫

师:好,下面我们一起来看一些题。出示:5只鸡,(　　)个头,(　　)只脚。

(学生一起说:5只鸡,5个头,10只脚)

师:10只脚是怎么算的?(2×5)出示:8只兔,(　　)个头,(　　)只脚。

(学生一起说:8只兔,8个头,32只脚)

师:8个头没有问题,32只的算式是?(4×8=32只)下面,我们来一个稍微难一些的,继续出示:6只鸡和5只兔,一共有(　　)个头,(　　)只脚。

(学生一起说:11个头,脚想了一会儿没说)出示6只鸡和5只兔的符号,头:6+5=11(个)。

师:脚怎么算?谁来说?6×2+5×4=32(只)。

师:还有没有不同的算法?(学生摇头)没有的话,我出示一种方法,看你们能不能看懂?出示:11×2+5×2=32(只)。这道算式可以吗?(可以)谁来说一下,可以的理由是什么?

生:先把兔子的脚减去2个,让它和鸡一样,最后再加上去。

师:他说的你能听明白的同学,请举手!(动画演示这个学生的想法:分别将5只兔子的两只脚下移,将5只兔变成5只鸡,这样一共可以看成11只鸡,用11×2表示,最后再把下移的脚5×2加上去)

师:还有没有别的算法?

生:把兔子的一只脚给鸡,然后把它们平均。先把5只兔的一只脚给5只鸡,这样就是30只,然后还有一只鸡的2只脚,这样一共有32只脚。

师:我觉得此处应该有掌声,我们一起把掌声送给他。(全班鼓掌)

有学生举手,师示意他回答。

生:把每只鸡的脚添上2只变成兔子的脚,最后再减去。(动画演示这个学生的想法:将每只鸡添上2只脚,一共添了2×6只脚,这样就可以看成11只兔,一共有11×4只脚,最后再减去2×6只脚)

师:现在一共有几种方法了?(4种)还有没有别的方法?

生:先把相同数量的鸡和兔捆在一起,一捆有6只脚,这样一共有30只脚,再加上剩余的2只脚。

师:同学们,一个问题,如果我不问,大家只想到一种方法,现在我一问竟然问出了5种方法。还有一种方法我们一起来看一下,大家不一定能想到。出示:(5×2+6)×2=32(只)。(课件演示:鸡和兔各取一半,兔的一半脚为5×2只,鸡的一半脚为6只,5×2+6是一半的脚,最后再乘2就是全部的脚)

出示古希腊数学家毕达哥拉斯,告诉学生,毕达哥拉斯是古希腊的一位数学家,以及他的一句名言:在数学的天地里,重要的不是我们学会什么,而是我们经历的过程。

师:通过我们刚才的练习,现在你读一读这句话,有什么感觉?

生:学习数学,不仅仅要会什么,还要我们经历的过程。

师:你很厉害,我觉得将来你也可以成为数学家。

【设计意图:练习的设计由浅入深,让学生走向思维的深度;问题解决的方法多样,让学生走向思维的广度,进而抵达学生数学素养的核心区域。通过毕达哥拉斯的名言代替教师的总结话语,让学生感受到数学家就在我们的课堂上。学生在自主感悟的过程中感受数学文化的力量。】

4. 例题教学:抓住"关键词",逐一破解难点

师:(出示一只装有鸡和兔的笼子)笼子里面有若干只鸡和兔,什么叫"若干只"?(不知道有多少只、很多只)从上面数有8个头,那你现在知道一共有多少只鸡和兔了吗?(8只)为什么?

生:因为1只鸡有1个头,1只兔也有1个头,现在一共有8个头,那说明鸡和兔肯定是8只。

出示表格,让学生按照一一列举的方法,并一起完成下面的表格:

鸡	8	7	6	5	4	3	2	1	0
兔	0	1	2	3	4	5	6	7	8

让学生打开数学书第104页,先填写好表格,然后根据表格中的9种情况,算出这9种情况分别一共有多少只脚。

鸡	8	7	6	5	4	3	2	1	0
兔	0	1	2	3	4	5	6	7	8
脚	16	18	20	22	24	26	28	30	32

【设计意图:例题的呈现是帮助学生建立部分表格,让学生将表格补充完整。但对于表格中给定学生的数据则没有加以解释说明。在设计的过程中,我以例题中"若干只"这一关键词为突破口,若干指的是不知道多少,通过已知条件中的"8个头",让学生思考这里的"若干"指的就是8只的意思,进而按照一一列举的思想,让学生思考一共是8只,鸡和兔的只数可能有哪几种情况,这样学生就能自主独立完成表格内容,而不是被动地根据表格中的已有内容顺写下去。】

师:我们仔细观察脚的数量,你发现什么?(都是双数)除了都是双数,还有没有?(隔两个)

师:后一个都比前一个多(2),为什么多2?

生:因为一只兔比一只鸡多2只脚,鸡减少1只,兔增加1只,所以多2。

接着出示条件和问题:从下面数有26只脚,鸡和兔各有几只?

学生通过观察表格,回答鸡有3只,兔有5只。

一起回顾刚才的解题过程:

(1)假如笼子里面全是鸡,那么就有 8×2＝16 只脚,但是实际上笼子里面有 26 只脚,就多出 26－16＝10 只脚。那多出的 10 只脚怎么办呢?

(2)因为一只兔比一只鸡多 2 两只脚。那 10 只脚需要几只兔换就可以了?(5 只)也就是有 10÷2＝5 只兔。

(3)所以笼子里面有 3 只鸡,5 只兔。

板书解题过程:8×2＝16(只),26－16＝10(只),10÷(4－2)＝5(只),8－5＝3(只),答:鸡有 3 只,兔有 5 只。

通过鸡和兔的符号演示表格里鸡依次减少 1 只,兔依次增加 1 只,让学生观察脚发生变化的过程。

【设计意图:四年级学生的思维方式正处于从具体形象思维向抽象逻辑思维的过渡时期,且以具体形象思维为主,而"假设法"是建立在抽象逻辑思维基础之上。因此,对于问题解决的过程则需要通过多渠道、多角度帮助学生去感知、理解和深化。我主要采用的方式有:1.让学生观察表格中脚的变化及导致变化的原因去感知;2.通过"如果全是鸡,结果会是怎样,为什么实际不是这样"让学生去理解算式;3.通过动态化的符号演示让解题过程进一步深化。】

5. 思想渗透:为学生后续学习埋下一粒"种子"

师:课前我们一起用符号画了鸡和兔,现在你感觉这个符号怎么样?是因为好玩才画的?(不是)它有没有帮助我们去解决这个问题?(有)

师:由此我又想到了一个人,这个人是谁呢?(华罗庚)(学生将华罗庚的姓读成 huá,师纠正这个字是多音字,作为姓的时候读 huà,学生齐读华罗庚)

师:猜一下,他是(数学家),他曾经说过这样的一句话(学生齐读:数形结合百般好,隔离分家万事休)。

师:读完有感觉吗?有感觉的同学请举手?(没有学生举手,学生再读)

师:他说的有没有道理?(有)我希望同学们以后在解决问题的时候,当遇到数的问题时,你想想看能不能通过图形的方法来解决;当我们遇到图形的问题的时候,我能不能通过数的方法来解决?

【设计意图:华罗庚的经典名言渗透"数形结合"的思想,与其说这是一种思想,对学生而言,不如说这是一种能力素养,这种能力为学生后续的学习埋下一粒"种子"。】

6. 文化自信：在中外趣题练习及对比中增强民族自信心

师：刚才我们学的鸡和兔的问题在我们国家古时候有这样的一本书，这本书叫《孙子算法》，这本书距今已经有1500多年历史了。在这本书里，有这样的一道题目：今有雉兔同笼，上有三十五头，下有九十四足，问雉兔各几何？把这段古文翻译成现在的意思是：笼子里有若干只鸡和兔。从上面数，有35个头，从下面数，有94只脚。鸡和兔各有几只？这个问题就是我国著名的"鸡兔同笼"问题（板书课题：鸡兔同笼）。这道题你会算吗？在自己的练习本上试一试。

学生独立完成，老师巡视。集体反馈：$35×2=70$（只），$94-70=24$（只），$4-2=2$（只），$24÷2=12$（只），$35-12=23$（只），答：鸡有23只，兔有12只。

师：刚才我们用的这种方法和古人的方法不一样，想不想看看古人是怎么解决这个问题的？（想）

和学生一起回顾教材上的"阅读资料"的内容：

(1) 假如让鸡抬起一只脚，兔子抬起两只脚，还有$94÷2=47$只脚。

(2) 这时，每只鸡一只脚，每只兔两只脚。笼子里只要有一只兔，则脚的总数就比头的总数多1。

(3) 这时脚的总数与头的总数之间相差$47-35=12$，这就是兔的只数。

师：刚才我们一起研究了我国古代《孙子算法》里的一道名题叫"鸡兔同笼"。在我们国家的东边有一个国家叫日本，150年前，这个国家有一位数学家看了"鸡兔同笼"很受启发，也编了一个"龟鹤算"问题。我们一起来看一下（出示"做一做"：有龟和鹤共40只，龟的腿和鹤的腿共有112条。龟、鹤各有几只？）

师：龟有几个头？（1个头）几条腿？（4条腿）鹤有几个头？（1个头）几条腿？（2条腿）这里的龟就相当于兔，鹤相当于鸡，其实"龟鹤算"问题和"鸡兔同笼"问题的道理是一样的。谁来说一下算式？

生：$40×2=80$（条），$112-80=32$（条），$4-2=2$（条），$32÷2=16$（只），$40-16=24$（只）。

师：这节课，我们就上到这里。课后我有两个问题，需要大家去思考：1.这节课你有哪些收获？2.这节课你有哪些困惑？

【设计意图："四个自信"需要从小培养，需要在学科教学中进行渗透。中华民族有着璀璨的历史文化，要让学生从小树立文化自信。通过我国古代数学名著《孙子算法》中的"鸡兔同笼"问题及日本的"龟鹤算"问题，不仅让学生在练习中巩固所学的知识，更重要的是让学生在中外文化的对比过程中感受我国文化的悠久，让学生感受作为中国人的自豪，民族自信心油然而生。】

参与了，想要评点什么

教师的专业成长，离不开课堂教学的历练。123团的老师们为了上好一节课，不惜多次打磨，反复推敲。在一次次的试教过程中，他们学会了反思自己的课堂教学，逐渐改变着自己的教学观念。

康方方老师说："在薛老师的帮助下，我学会了思考，思考怎样引入学生更容易接受。课上我也愿意试着让学生去发现、去总结。我的教学观念从以前的只关注自己的教慢慢变成了越来越关注学生。这样一来，我上课也越来越有激情，我感觉自己课上课下也越来越美好了，我很开心。"

在参与廖莉萍老师的课堂指导过程中，她总能对自己的课进行反复的打磨。在我的一次次的指导过程中，她一改"当学生回答错了，就慌张"的状态，而是变得沉着稳定。现如今的课堂，她先让错误的学生说说自己的理由，再让正确的学生说说自己的理由，最后让学生自己去选择。她的课堂教学沉稳了很多，教学理念由原来关注怎么教转变为思考学生怎么学。在执教的过程中，我欣喜地看到廖老师的教学观念发生了"质"的变化。

在新疆支教的这段时间里，我听课100余节，并且做到每次听完课后，都能拿出1至2节课的时间与老师们进行交流，以期望给老师们带去更多的思考。下面是我选择其中的8节课（小学4节，中学4节），说一说我的过程性指导。

把1吨"搬"进课堂

"吨的认识"一课，我以为是小学阶段最难上的一节课，没有之一。其难点就在于学生在课堂上无法真实建立"1吨"的概念，而这正是教学的目标之一。

在2019年9月份的工作室活动中，孙静老师选择了这一节课的教学。在试上的过程中，孙老师从不同实物图片（共14个）出发，将学生分成小组，并将实物图片进行分类（因不同的人有不同的分类标准，最终出现不同的分法），进而得出计量非常重的物体用到"吨"这一质量单位，接着通过课件演示：10袋大米，每袋100千克，合起来就是1吨，并将一袋100千克的大米分成4袋25千克的大米，得出40袋25千克的大米也是1吨加以练习巩固。

听完以后，我给孙老师指出，我们的数学课堂需要与生活相联系，但这样的生活不是我们成人的生活，而是学生自己的生活。

教材上的情境图是测量一个体重为25千克的学生，测量学生的体重，这是离学生最近的生活,为什么不用呢?尽量把秤带进课堂,现场测量学生的体重。同时,我向孙老师期待:如果你能将1吨"搬"进课堂,这节课就是最大的成功。在展示活动中,孙老师果真做到了,让我着实佩服!

下面是孙老师执教的"吨的认识"一课的课堂实录及我对这节课的指导过程:

1. 复习旧知,引入新课

师:同学们会数数吗?

生(齐):会。

师:我们一起来数数看,请同学们读题。

生(齐):二十五个二十五个地数,数到二百五十。

师:请同学们和老师一起边伸手指边数。(生齐:25、50、75、100、125、150、175、200、225、250)

师:同学们看看我们的手指,我们数了多少个二十五?(10个)

师:我们就可以说10个25是250。同学们想一想,反过来我们可以说250里面有几个25?(10个)

师:第2题(生齐读:五十个五十个地数,数到一千)

师:我们的手指可能不够用,看老师的教具(每根小棒上贴上五十)。

生(齐):50、100、150、200、250、300、350、400、450、500、550、600、650、700、750、800、850、900、950、1000。

师:我们一起来数数,我们数了多少个五十。

生(齐):1、2、3、4、5、6、7、8、9、10、11、12、13、14、15、16、17、18、19、20。

师:那就是(学生齐说20个50是1000,1000里面有20个50)。

师:第3题,我们一起来读题。

生:二百五十个、二百五十个地数,数到一千。

师:同学们一起来数(边数边伸手指:250、500、750、1000)。

师:我们数了几个250,可以怎么表述?(4个250是1000,1000里面有4个250)

【指导过程:"吨的认识"的教学不仅让学生知道称量比较重的物体选择"吨"这一质量单位,而且还要让学生知道1吨里面有多少个25千克、50千克、100千克、200千克、250千克等。对三年级的学生而言,他们的数学知识基础是只学过两位数加减两位数,对于两位数与两位数的乘法和除法均没有学过。因此,课前孙老师通过"数"的方法,让学生感知1000里面有多少个25、50、100、200、250,这既是一个热身活动,同时更重要的是为接下来的教学进行很好的铺垫。】

师:同学们数得真好,来看看你会填吗?

生:一支铅笔重20(克),一个苹果重100(克),一只母鸡重3(千克),一头牛重500(千克)。

师:同学们刚才填的都是什么单位呢?

生(齐):质量单位。

师:想一想,我们学过的质量单位有哪些呢?

生:克,千克。

师(板书克和千克):你知道克和千克用哪个字母表示吗?

生:克用g(读的是拼音g)。

师:读什么?语文拼音里我们读g,但在这里不这样读,知道为什么吗?(不知道)

师:因为质量单位是国际通用单位,所以我们要用英文来读g(生齐读g)。

【指导过程:小学阶段,学生学过的很多单位都是国际通用单位,可以写成字母形式,读法上应该读成英文字母。学生能认识用字母表示的单位,但在读法上出现了问题,孙老师及时发现存在的问题,告诉学生正确读法的同时,又说明其原因。学生不仅知其然而且知其所以然,对单位的字母形式有了正确的认识。】

师:你觉得还会有别的质量单位吗?(生回答:吨)

师:你怎么知道的?

生1:我是看书知道的。

生2:我是预习新课知道的。

师:我们已经有"克"和"千克"这两个质量单位了,为什么还会出现"吨"这个质量单位呢?

生1:用来计量比较大的物体。

生2:有很多物体太庞大,用克或千克可能不行。

师:同学们说得真好!今天我们就一起来探究"吨的认识"。(板书课题)

【指导过程:孙老师的问题"我们已经有克和千克这两个质量单位了,为什么还会出现吨这个质量单位呢?"在两次试教过程中均没有涉及,这是我让孙老师加上去的。我以为,学生对于新知的学习不仅是一个接收的过程,更重要的是一个建构的过程。我们的教学目标不能停留在通过今天的教学,学生学会了什么知识,而且要让学生知道,今天学习的知识在学生的知识结构中如何存放?我们为什么要学习这一知识?今天学习的知识有用吗?等等。是啊,对于质量单位,学生之前已经学过了"克"和"千克",为什么还要再学第三个呢?有没有这个必要?学生的回答很精彩,"有很多物体体积庞大,用'克''千克'不行!""'吨'是用来计量比较大的物体。"这样的师生对话,不仅顺理成章引入新

课的学习,而且完善了学生的知识结构,明确了本节课的学习的价值。】

2. 实践活动,探究新知

师:你知道吨用哪个字母来表示吗?(生回答:t)

师:对!吨是一个什么样的质量单位呢?我们一起来看看。(出示一段话)

生(齐):吨是用来计量较重的或大宗物品的质量。

师:你觉得这里哪一个词你不太理解?

生:大宗物品。

生:就是比较大的物体。

师:对,大宗物品又称大宗物件,意为"体积庞大的物品",如钢琴、汽车等。

【指导过程:对于"吨",孙老师不仅仅停留在让学生知道它是一个质量单位,而且通过查阅相关资料,了解到吨数用来计量较重的或大宗物品的质量,并且对"大宗物品"又做进一步的解释,看出孙老师是一位工作严谨、非常用心的老师。】

师:同学们喜欢吃米饭吗?老师给同学们带来了一袋大米,一起来看看吧。

师:这一袋大米重多少千克?

生(齐):100千克。

师:我们一起来数数,一袋是100千克,两袋是200千克,三袋是300千克……10袋是?(有的学生说1000千克,有的学生说1吨)

师:1000千克和1吨是什么关系呢?

生:相等。

师:那我们可以用什么符号来表示?

生:等号。

师:(板书)1000千克=1吨。(齐读一遍)

师:一名同学重25千克,想一想,10名这样重的同学有多少千克呢?(生:250千克),谁来说说你的想法?

生:一名同学重25千克,10名同学重多少千克?就是求10个25是多少?10个25就是250,所以10名同学重250千克。

师:说得真好!上周老师给咱们每个同学都称了一下体重,谁的体重和这位小朋友的体重一样呢?(出示教材上的情境图:一名体重为25千克的学生站在台秤上)(4名同学站起来)

师:我们现场再来称称好不好?

生(齐):好。

现场称量这4名学生的体重,利用希沃直播功能,将学生的体重展示在大屏上。

生:哇,都是25千克!

【指导过程:在试上的过程中,孙老师将一袋100千克的大米换成4袋25千克的大米,引导学生得出10袋100千克的大米重1吨,也就是40袋25千克的大米重1吨,看似设计巧妙,过渡自然,但存在的问题是:学生没有经历和感知25千克到底有多重?只是接受式的学习,只是为了学习而学习。我建议她,课堂要现场称量学生的体重,让学生实实在在感知25千克的重量,将数学与学生自己的生活相联系,这样的教学才是有意义的教学! 实践证明亦是如此!】

师:4个小朋友一起站上来看看是多少千克?(其他学生观看)

生:刚好是100千克。

师:你们想体验一下100千克有多重吗?(想)

师:那我们先来体验一位25千克同学的重量,然后再来体验4位25千克同学的重量,也就是100千克。(将4名体重为25千克的学生分到4个小组,每个小组用抱一抱的方式来体验25千克的重量)

师:能抱得起来吗?(能)

师:(4名学生紧紧抱在一起)那我们再来抱4个同学的重量。

生:哎哟,抱不动啊。

师:重吗?

生:重,重得不得了!

师:现在我们请多位同学上来一起抱,看能不能抱起来?

生:抱起来了。

师:40名这样的同学有多重呢?

生:1000千克,1吨。

师:你怎么知道的呀?

生:4名同学100千克,那40里面有10个4,就是有10个100千克,10个100千克就是1000千克,也就是1吨。

师:原来是这样啊!同意这位同学说的吗?(生齐:同意)

【指导过程:陶行知提倡要"教学做合一",我认为核心是"做","做"让"教"与"学"真正发生。孙老师让学生在"抱一抱"的过程中亲身经历25千克和100千克的质量,这样的经历我觉得在我们的数学课堂上应该大力提倡。学生只有通过亲身经历,他才能真正领会所学的知识。】

师:老师把咱们班30名同学的体重做成了一张统计表,虽然不是每位同学都重25

千克,但总体重是 932 千克,孙老师重 68 千克,加起来正好是 1000 千克,也就是 1 吨。

生:哇!原来我们班所有同学的体重加孙老师的体重就是 1 吨啊!

师:同学们想体验一下这 1 吨有多重吗?

生:想,太想了。

师:有请我们全班同学到老师这里来。我们全班同学围成一个圈,抱在一起。此时你有什么感觉?

生:好重啊。

师:能抱得动吗?(不能)

师:太重了,所以我们抱不动。我们有请咱们三年级的年级组长曹老师帮我们记录下这美好的一刻。

【指导过程:在"吨的认识"一课的教学中,很少有人将 1 吨的物体搬进课堂。在试上的过程中,我对孙老师说:"如果你能将 1 吨搬进教室,就是你课堂最大的成功!"孙老师做到了!孙老师将全班学生的体重制成一张表格,算出总体重,再加上孙老师自己的体重正好是 1000 千克。在试上的过程中,孙老师指出,围在外圈的学生能感受到 1 吨的重量,但最里面的学生却无法感受,因此,她特意将围在一起的学生拍成一张照片,让学生观看,以此来弥补里圈学生的感受!】

师:此情此景老师想到了一种水果,你们猜是什么呢?

生:石榴。

师:你怎么想到石榴的?孙老师想到的也是石榴。

生:因为我们每个同学都像石榴里面的小籽一样。

师:什么意思呢?

生:那些小籽在一起,我们就像小籽一样抱在了一起。

师:我们是一个个小个体,抱在一起就是一个整体,就是一个班级,班级的荣誉要靠我们每一个人来争取。老师希望同学们就像这石榴籽一样,紧紧地抱在一起,团结一致,争创文明班级,好吗?(好)

【指导过程:习近平总书记在视察新疆时曾说过要像石榴籽那样紧紧抱在一起!三(2)班的学生和老师看到自己抱在一起的场景想到了石榴,孙老师以此为契机渗透集体主义教育。这样的渗透是一种体验式的,学生易于接受。我以为,这就是数学教育。】

3. 利用新知,解决问题

师:下面老师要考考同学们了,说一说日常生活中什么情况下用"吨"作单位?

(一辆汽车、一列火车、一幢楼房……)

师：同学们，现在是金秋九月，是收获的季节，你们有没有想到咱们新疆123团的农作物呢？（生齐：棉花）

师：对，打成包打成卷的棉花都要用吨作单位。除了同学们刚才说到的棉花，还有轮船、汽车、集装箱、蓝鲸（出示这些物体的照片），最重的轮船有29.7万吨，最普通的轿车1.5吨，最小的集装箱2吨，最大的蓝鲸190吨。这些较重的物体都是用"吨"作单位。

生：好重啊！

师：在括号里填上适当的数。（自主完成教材第32页的"做一做"）

师：展示学生作业，并请学生讲思路。

学生汇报：一头牛重500千克，两个500就是1000千克，所以两头牛重1吨；一袋水泥重50千克，10袋水泥重500千克，20袋水泥就重1吨；一桶食用油重100千克，10个100就是1000，所以10桶食用油就重1吨；一只老虎重250千克，4个250就是1000千克，所以4只老虎重1吨。

师：同学们真棒，说得真清楚。我们一起鼓掌，表示祝贺！

师：请你选择合适的质量单位填在横线上。

生：一个书包重3（千克），一只大象重6（吨），一只小兔重2（千克），一个篮球重400（克），一车西瓜重6（吨），一个鸡蛋重50（克）。

师：同学们，你们同意这位同学填的吗？

生（齐）：同意。

师：老师想再考考同学们，请你选择合适的数字填在横线上。

生：一箱牛奶重（4）千克，一只大象重（5000）千克，一个乒乓球重（3）克，一个馒头重（100）克，一辆卡车载重为（10）吨，一头犀牛重（5）吨。

【指导过程：先由近到远，从学生身边天天看到的棉花打包场景出发，到轮船、汽车、集装箱、蓝鲸；接着计算几种物品的质量恰好是1吨，有了课前的铺垫练习，学生易于换算；最后通过让学生已知数字选择不同的质量单位和已知质量单位选择合适的数字进行对比，合理选择三种不同的质量单位。这样的练习设计体现出层次性。】

4. 全课总结，学生谈收获

师：老师听着同学们说得这么完整，真的很开心，说明同学们今天用心学习了，谁来说说，今天你有什么收获呢？

生1：我今天认识了特别重的物体，要用吨作单位。

生2：我知道了什么是大宗物品。

生3：我知道了1000千克就是1吨。

生4:我知道了克、千克、吨分别用哪个字母表示。

生5:我知道了1千克=1000克,1000千克等于1吨。

生6:我知道了我们要像石榴籽一样,紧密团结在一起。

生7:我知道了我们班30名同学加上孙老师的体重就是1吨。

师:同学们真棒,总结得真全面,这些就是我们今天学的吨的认识。下课。

生活,为学生的数学学习助力

我工作室第一次课堂教学展示活动,廖莉萍老师主动申请!她选定的课题是"比例的意义"。在展示之前,廖老师对自己的课进行了反复的打磨,我一直参与其中。每一次的试教结束后,我都能把自己的想法和廖老师进行沟通交流,在磨课的过程中看到她的进步。在最后的展示活动中,她一改第一个学期曾跟我交流时说的"学生回答不上来,我就急"的状况,课堂教学沉稳了很多,教学理念由原来关注怎么教转变为思考学生怎么学。

下面是我将她的课堂教学流程以及我对这节课的指导过程进行了梳理,现整理如下:

1. 情趣导入,激发兴趣

师:3月份的时候,我们一起到敬老院参与"学雷锋实践月"活动,老师拍了一张照片。(出示一张小照片)同学们能看清楚吗?

生(齐):看不清。

师:你们有什么办法让大家看得清楚呢?

生(齐):放大。

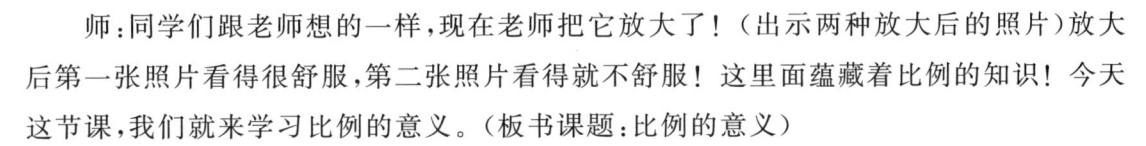

师:同学们跟老师想的一样,现在老师把它放大了!(出示两种放大后的照片)放大后第一张照片看得很舒服,第二张照片看得就不舒服!这里面蕴藏着比例的知识!今天这节课,我们就来学习比例的意义。(板书课题:比例的意义)

【指导过程:对于本节课的导入部分,廖老师想了很多方法,在"试上"的过程中也进行了尝试,效果均不太理想。后来结合本班学生3月5日学雷锋日,去敬老院扫雪时留下的一张照片出发,将照片缩小放在屏幕上,学生因看不清楚照片自然想到寻找解决问题的方法,放大后要想使照片看得"舒服",应该怎么办呢?自然引入本节课所要学习的内容。从生活中的问题引入,告知学生其中隐藏着本节课所要学习的知识,要想解决这一问题,就必须学好本节课的知识,学生兴趣自然得以激发。】

2. 解决问题,探究新知

师:(出示三幅照片)这三幅图上都有什么?

生(齐):国旗。

师:国旗是我们国家的象征和标志,我们每个人都要尊重它!我们教室里也有国旗(将国旗贴在黑板上),有什么办法知道这面国旗的长与宽分别是多少?

【指导过程:我以为,数学课也应该渗透爱国主义教育。在测量国旗的长宽之前,教师要告诉学生"国旗是国家的象征和标志,我们每个人都要尊重它",在"试上"过程中缺少这样的环节,我让廖老师在此处加上,我认为加得恰到好处。】

生(齐):可以用尺子量。

师:谁愿意来量?

(两学生量出国旗的长为60厘米,宽为40厘米)

师:美术课上大家也做了一面国旗,它的长和宽分别是多少呢?大家拿出这面国旗,用我们的尺子量一量!(学生在练习本上量)

师:(将美术课上做的国旗贴在黑板上)量出的长是(15厘米),宽是(10厘米)(师板书这面国旗的长与宽)

师:请同学们在练习本上写出这两面国旗的长与宽的比,并且要把比值给求出来。

(学生计算,老师巡视)

师:谁愿意来汇报?

生:$15:10=\frac{3}{2}$。(师相应板书)

生:$60:40=\frac{3}{2}$。

师:60:40是谁和谁的比啊?请说完整!

生:长和宽的比60:40。(师相应板书)

师:比值是多少?

生(齐):$\frac{3}{2}$。

师:同学们,你们发现了什么?

生(齐):比值相等。

【指导过程:在"试上"时,廖老师一次性地出示了四种国旗:美术课上制作的国旗、教室里的国旗、学校升旗仪式上使用的国旗和天安门广场上的国旗,通过测量或告知的形式得出四种国旗的长与宽。我建议廖老师先从美术课和教室里的两种国旗出发,让学生先通过动手测量这两种国旗的长与宽,让自己测量的数据说话,然后通过对测量的数据得出,虽然国旗的大小不一样,但是长与宽的比的比值是相同的。这样的发现是学生通过自己动手操作得来的,要比老师直接告诉给学生数据让学生计算更有生命力。】

师:比值相等,我们可以用什么符号来连接这两个比?

生(齐):等于号。(师板书60∶40=15∶10)

师:那么像这样表示两个比相等的式子叫作比例。(板书:表示两个比相等的式子叫作比例)

【指导过程:对于比例的意义这一概念的揭示,廖老师"小心翼翼"、反反复复,花费了很多时间,但效果却不太理想。我建议她应简洁明了:(1)比值相等吗?(相等)(2)比值相等,可以用什么符号连接?(等于号)(3)像这样表示两个相等的式子叫作比例。然后再通过相关练习进行巩固即可。】

师:我们知道了比例的意义,下面我们来看一下下面的式子是比例吗?(出示:下面的式子是比例吗?1∶2=2∶4=4∶8;3∶6≠6∶9;2∶10=4∶20)我们先看第一个,认为是比例的同学请举手?(个别学生举手)

师:我先请认为是比例的同学来说一说。

生1:因为它们的比值相等。

师:谁来说一说,它为什么不是比例?

生2:因为比例的意义是两个比相等的式子,它这是三个比,所以它不是比例。

师:回答得非常好! 你们现在同意谁的观点啊?

生(齐):第二个。

师:它不是比例,那你能不能把它改成一个比例呢?

生1:1∶2=2∶4。

生2:1∶2=4∶8,或者2∶4=4∶8。

【指导过程:此处环节的设计,是廖老师最为进步的地方。我欣喜地看到这样的师生对话让廖老师的教学观念发生了"质"的变化。当学生回答错了,廖老师改变了她以往慌张的状态,而是沉着稳定,先让错误的学生说说自己的理由,再让正确的学生说说自己的理由,最后让学生自己去选择。我以为,慌张不是教学的不成熟,而是"以教师为中心"思想的存在,沉着不仅是教学水平的提升,更重要的是能站在学生角度思考问题,是有着让学生站在课堂中央的意识。学生错误的理解不是没有任何道理,但通过自己的解决、判断,以及同伴的帮助,自然发现自己存在的问题,这种自我学习的方式要比教师指出错误的地方要高明。】

师:我们一起来看第二道题是不是比例?

生(齐):不是。

师:为什么不是?谁来说一说?

生:因为这两个式子中间的符号是不等号,比例的意义是两个比相等的式子,它们的比值不相等。

生:后面那个比的比值不是$\frac{1}{2}$,前面3∶6比值是$\frac{1}{2}$。

师:那你能不能把这个式子改写成一个比例呢?

生:3∶6=6∶12。

师:3∶6的比值是$\left(\frac{1}{2}\right)$,6∶12的比值也是。我们一起来看第三道题,是不是比例?

生:是比例。因为2∶10=1∶5,4∶20=2∶10,所以它是一个比例。

师:比例必须具备两个条件,第一个是要有两个比,第二个是比值相等!只有同时具备这两个条件,它才能组成比例,缺一不可。

师:现在,我们合作写比例,老师先写一个比(5∶1)比值是几?

生(齐):5。

师:下面你们也写一个比值是5的比,可以口算!

生:10∶2=5。

师:比值怎么样?(相等),那这两个比就可以组成?(比例)(5∶1=10∶2)合作得非常愉快!还有谁愿意和老师合作?

生:20∶4。

师:比值是不是5?(是)5∶2=20∶4。

师:下面请同桌两人相互检查,看一看你同桌写的这个比的比值是不是5?如果不是,请订正一下!

师:下面同学们在自己的本子上写一个比例。谁愿意说一说你写的比例?

生:7∶3.5=14∶7。

师:我们一起来验证一下,左边这个比的比值是?(2)右边这个比的比值是?(2)所以是不是一个比例?(是)还有谁愿意说说?

生:30∶10=50∶10

师:同学们,看他写的这个比例对不对?(不对)为什么不对?

生:因为两个比的比值不一样,30∶10的比值是3,50∶10的比值是5,它们的比值不一样,不能组成比例。

【指导过程:为练习而练习只是一项技能训练,但是学生进行数学学习更重要的是思维的训练。思维训练应贯穿到课堂教学的每一个角落,其中包括巩固练习。师生合作、生生合作的形式进行写比例这样开放的空间可以留给学生更多的思考时间和机会,学生在这样形式活泼的练习过程中对比例意义的理解更加牢靠。】

师:我们刚才测量了教室里面的国旗和我们自己做的小国旗长和宽的比的比值相等,组成了一个比例,老师换一面国旗,这是我们学校操场上的国旗,老师量出它的长是2.4米,宽是1.6米。它和我们教室里的国旗,长和宽的比能组成比例吗?为什么?同学们动笔算一算!

生:60∶40和2.4∶1.6可以组成比例。因为2.4∶1.6的比值是$\frac{3}{2}$,60∶40的比值也是$\frac{3}{2}$,它们的比值相等,所以可以组成比例,2.4∶1.6=60∶40。

【指导过程:掌握了比例的意义之后,再回到操场上的国旗,与"试上"过程中同时出示不同规格的国旗相比,好处在于巩固比例的意义,验证自己的猜测,体会成功的喜乐。】

师:我们发现操场上的国旗和我们教室里的国旗长和宽也能组成比例。(出示小国旗)它们的比值都是$\frac{3}{2}$,谁来说一说,它们都可以组成哪些比例?

生:60∶40=15∶10,60∶40=2.4∶1.6。

师:一下子把三个都说完了,很棒!那么反过来,宽和长的比,能不能组成比例呢?在你练习本上算一算!

生:比值都是$\frac{2}{3}$,它们的比值相等。

师:它们两两组合,都可以组成比例。谁来说一个?

生:1.6∶2.4=10∶15,1.6∶2.4=40∶60,10∶15=40∶60。

师:(出示60∶15=40∶10)60∶15是什么?

生:60是教室里国旗的长,15是小国旗的长。

师:60∶15我们把它叫作长与长的比,它们的比值是4。40∶10是什么?

生:40是教室里国旗的宽,10是小国旗的宽。

师:它们叫作宽的比,比值是4。两面国旗的长的比和宽的比也能组成比例。那是不是从国旗当中随便挑两个数字都能组成比例?(出示:2.4∶60和40∶1.6)

生:(验证后)不能组成比例。

师:同学们看一下2.4∶60,40∶1.6分别指的是什么?

生:2.4和60指的是操场上国旗的长和教室里国旗的长,而40和1.6指的是教室里国旗的宽和操场上国旗的宽,它写反了,应该也是操场上国旗的宽和教室里国旗的宽。

师:我们一定要找到对应量的比,它们比值才能相等,它们才能组成比例。所以 2.4∶60 和 40∶1.6 不能组成一个比例。那你能不能把它改成一个比例呢?

生:可以用 2.4∶60＝1.6∶40。

师:还可以是?

生:40∶1.6＝60∶2.4。

(师用连线表示,帮助学生巩固对应关系)

【指导过程:对应的思想存在于比例之中,长宽可以组成比例,那么宽长也可以组成比例,长长比与宽宽比也可以组成比例等,这里的初步感知为最后的组成比例的四个数可以组成八种不同比例做铺垫。】

师:比例除了可以写成比的形式,还可以写成分数的形式。$\left(60∶40＝15∶10\to\dfrac{60}{40}＝\dfrac{15}{10}\right)$ 谁来读一下这个分数形式的比例?

生1:四十分之六十等于十分之十五。

师:还有别的读法吗?

生2:六十比四十等于十五比十。

师:两种读法,你同意谁的读法?(同意生2的读法)

师:比例虽然写成了分数的形式,我们在读的时候还是要按照比的形式读。(学生齐读)

3. 利用新知、解答疑惑

师:我们回到课前出示的那一组照片。老师分别量出这三张照片相关数据,你能利用我们今天学的知识来解决为什么第一张照片放大以后看着舒服?第二张照片放大以后看着就不舒服了吗?同桌互相交流!(三张照片的竖边和横边分别标上数字:6厘米和3厘米,60厘米和30厘米,25厘米和50厘米。)

(学生交流,教师参与交流过程)

生1:因为第一张照片放大后的倍数是一样的。

生2:横边和竖边应该扩大相同的倍数。

师:如果用我们今天学习的比例知识怎么解决?

生:原图的竖边和横边的比的比值是2,放大后的第一张图的竖边和横边的比的比值也是2,它们比值相等。

师:第二张为什么变形了?

生：第二张照片的竖边和横边的比的比值是1/2,而原图照片的竖边和横边的比的比值是2,它们的比值不相等,所以变形了。

师：昨天我在六(1)班上这节课,他们有质疑,他们说：6∶3＝50∶25,它们的比值是一样的,都是2啊？为什么第二张照片放大后变形了呢？谁能帮他们解答一下？

生：原图是竖边比横边,那么第二张图也应该选择竖边比横边。

师：虽然它是一个比例,但是它不能解释为什么第二张照片放大后不会变形的道理。

【指导过程：原照片的长宽分别为6厘米和3厘米,两种放大后照片的长宽分别为60厘米、30厘米和25厘米、50厘米,我建议廖老师这样换的。对于6∶3＝50∶25这样比例确实存在,但是放大后却变形的原因是没有对应。这样的设计不仅解决了课前的问题,而且再次验证了对应的思想。我觉得这样的设计是"用心"的。】

师：(出示练习：下面哪组中的两个比可以组成比例？把能组成比例的写出来。 0.6∶0.2 和 $\frac{3}{4}∶\frac{1}{4}$，20∶5 和 1∶4)在自己的练习本上完成！

生1：0.6∶0.2＝3, $\frac{3}{4}∶\frac{1}{4}$＝3, 0.6∶0.2＝$\frac{3}{4}∶\frac{1}{4}$。

生2：20∶5＝4, 1∶4＝0.25,所以20∶5和1∶4不能组成比例。

师：判断两个比能不能组成比例,关键是看什么？

生：看这两个比的比值是不是相等。

师：相等的话,才能组成比例；不相等的话,就不能组成比例。

师：你们喜欢玩游戏吗？(喜欢)老师这里有一个游戏：哪些比能和1∶2组成比例？一会有两组,每组有10个比,如果你认为它能和1∶2组成比例的,你就点击,如果和1∶2不能组成比例的,就不要点击！下面,我请两名同学进行比赛,谁愿意？

(两学生进行游戏,教师和其他学生观看)

师：老师想请获胜的同学说一说,你获胜的秘诀是什么？没有获胜的同学,更得要认真听获胜的秘诀！

(获胜学生说,我的秘诀是看前项是不是后项的$\frac{1}{2}$)

师：为什么要是$\frac{1}{2}$呢？

生：这样它们的比值才会相等,就可以组成比例。

师：知道秘诀后,想不想再来pk一下？(将1∶2换成1∶4)谁愿意？

(学生第二次玩游戏)

4. 生活助力，巧解难题

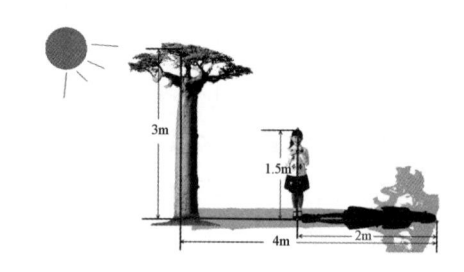

师：老师昨天遇到这样一个问题：太阳出来了，照在树和小朋友身上，他们都有影子，树的高度是3米，树的影子长是4米，小孩的身高是1.5米，影子的长度是2米（出示实物图，然后用三角形图代替实物图）。图中的4个数据可以组成多少个比例？

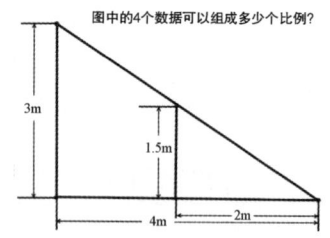

（老师根据学生的回答，出示相应的比例，3∶1.5＝4∶2；4∶2＝3∶1.5；1.5∶3＝2∶4；3∶4＝1.5∶2；4∶3＝2∶1.5；1.5∶2＝3∶4；2∶1.5＝4∶3；2∶4＝1.5∶3）

师：我们一共找到了几个比例？

生（齐）：8个。

师：2∶1.5＝4∶3和4∶3＝2∶1.5这两个比例，把等号左右两边换了一下位置，到底是一个比例还是两个比例呢？我们下节课学习比例的基本性质之后，你们就知道了！今天这节课我们就上到这里，下课！

【指导过程：这是课本"做一做"的最后一题，在"试上"之前，廖老师觉得此题对于学生而言有着一定的难度，同组的老师也认为此题这节课可以不讲，等学完比例的基本性质之后再回过头来讲。我给廖老师建议道："教材将此题放在此处，肯定有合理的地方。"我建议廖老师认真备课。此题是进一步加深和巩固对应的思想很好的素材，但确实存在很大难度。因此，对于此题的处理我给廖老师做如上设计的安排：从学生身边的生活经验出发，先从大树和人留下了影子，再抽象成相似三角形的练习，将生活和数学紧密联结起来，学生在相似三角形中找比例自然联想到大树、人以及影子，复杂的问题得以顺利解决的原因是生活助力学生的数学学习。】

我是"小小设计师"

2019年5月27日至6月18日，新疆生产建设兵团第七师第二届"希沃杯"中小学教师课堂教学大赛决赛由七师教学研究室牵头在各学校录播教室组织进行，通过赛前的认真准备，工作室成员王军胜老师执教的二年级数学下册"小小设计师"获得评委老师的一致好评，最终以92.40分的高分获得全师第二名的好成绩。下面，我将王老师的这节课的教学实录及我对这节课的指导意见整理如下：

1. 欣赏导入,储备信息

师:在上新课之前,我们先来欣赏一些图片。(出示9幅关于对称、平移或旋转得到的精美图片)这些图片漂亮吗?(漂亮)这些漂亮的图案都是根据我们第三单元学过的"图形的运动"设计出来的,图形的运动有哪几种呢?

生:平移、旋转、轴对称。

【指导过程:在第一次试上时,王老师通过让学生欣赏美丽的图案,回忆在哪个单元学过?因在开学初学过,间隔时间较长,学生不容易回忆;第二次试上,王老师改为问学生有什么发现。在比赛前,我建议王老师多找一些图片,将试上时3张图片改为9张,因为学生不易从3张图片上找到3种不同的运动方式,呈现9张图片,给学生欣赏的时间和空间,再告诉学生这些精美的图案是根据"图形的运动"设计出来的,这样学生在欣赏的同时,也比较容易回忆起图形运动的几种方式。】

师:几种运动方式?(三种)在这些美丽的图案中,老师最喜欢中间的这张京剧脸谱图案,大家仔细观察,这张京剧脸谱图案,属于哪一种运动方式得到的呢?

生:轴对称。

师:京剧脸谱不仅仅因为轴对称老师才喜欢它,还因为它是我们国家的国粹。

【指导过程:我建议王老师通过京剧脸谱这幅轴对称图案,渗透学生对国粹的热爱,从小培养学生爱国主义情怀。王老师运用得恰到好处。】

小练习:出示六种图案(升旗,风车,徽章,方向盘,五角星,推拉窗),让学生按照图形的运动将图案拖到相应的框子里面。

教师运用"班级优化大师"软件,抽选出一名学生到白板上完成。

师:在我们的日常生活中,比如墙砖、床单,还有这样的一些图形(出示教材第72页四幅图),请你仔细观察这四幅图,它们分别由哪个图形组成的?谁来指一指,圈一圈!

学生汇报完后,老师标出相应的图形,并揭示这些图形叫作基本图形。

师:这四幅图的基本图形都记住了吗?(记住了)下面有一个小游戏,看你能不能将这些基本图形拖到相应的图案里面。(学生动手操作)

【指导过程:对于"基本图形",王老师在试上的过程中把握不准,不够突出。基本图形是通过平移、旋转、轴对称形成图案的起始阶段,应当让学生牢牢记住。我建议王老师采取形式多样的教学手段帮助学生掌握"基本图形"的概念,王老师在比赛时通过指一指、圈一圈、拖一拖等形式帮助学生找准图案的"基本图形"。】

多维互动、加工信息

师：老师现在给你一个基本图形，你能不能用基本图形做一个跟大屏上一样的图案呢？在做的时候要说出你运用了哪一种图形的运动方式。

一学生边操作边说：这是基本图形，通过向右平移得到第二幅图，第二幅图向下平移得到第三幅图，第三幅图向左平移得到第四幅图，这样一个精美的图案就形成了。

师：他刚才说到了哪一种运动方式啊？（平移）（师板贴平移）

（出示第二个图案）一学生边操作边说：这是基本图形，基本图形通过旋转得到第二幅图，第二幅图通过旋转后是第三幅图，再旋转就完成了。

师：这个图案是通过什么运动得到的啊？（旋转）（师板贴旋转）这个图形除了旋转，还有其他的运动方式吗？

生：还有一种是轴对称。基本图形通过旋转得到第二幅图，基本图形和第二幅图一起通过向右轴对称可以得到第三幅图和第四幅图。

师：这个图案里面运用了几种运动方式？（两种）这个图案除了可以左右轴对称，我们还可以上下轴对称。

师通过教具演示基本图形通过左右轴对称和上下轴对称最终得到图案的完整过程。

师通过几何画板动态演示由基本图形通过旋转得到图案的过程。

师总结：这个图案我们可以用旋转和轴对称这两种不同的运动方式得到。

【指导过程：学生能判断一个图案是通过哪种运动方式形成的，但至于怎么形成，还有没有可能通过别的运动方式形成，则需要教师引导学生通过自己的语言来表达。与此同时，教师必要的演示有助于学生理解图形的形成过程。】

师：第三个和第四个图案，我想找一个小朋友来说。

一学生指着第三、四个图案说：基本图形通过旋转得到第二幅图，第二幅图通过旋转得到第三幅图，第三幅图通过旋转得到第四幅图，这样一个美丽的图案就拼好了。

师：第三、四个图案除了运用了旋转，还运用了（轴对称）。也就是说同一个图案，我们可以通过不同的运动方式得到。

师总结：刚才我们小朋友既记住了基本图形，又把这些基本图形通过平移、旋转、轴对称的运动方式得到不同的图案，我们小朋友表现得非常棒！那么接下来，你想不想自己亲手设计出一个精美的图案？（想）你想不想当一个小小设计师？（想）我们在课前已经准备好了这四个基本图形，小小设计师们，往这里看（出示操作要求）：

1. 设计一幅和老师不一样的自己喜欢的图案。

2. 做完的同学和小组内的同学互相说一说，你的图案是通过怎样的运动得到的。

师:(找一个学生读一下要求)听明白要求了吗?(听明白了)好,开始!设计好了后粘在自己小组的方格纸里。

小组操作、设计,教师巡视,用手机拍摄学生做好的作品,并及时上传到大屏上。

师:粘好的同学一起来看大屏,看看有没有你的作品,随机抽学生说一说每一个图案是怎么得到的。

【指导过程:在试上的过程中,缺少此部分的内容。我建议王老师,学生动手操作的过程不能省略,而且应该成为课堂教学的重点。这是一节实践活动课,同时课题为"小小设计师",这就要求课堂必须要有设计的环节。学生只有通过自己设计才能加深对图案产生的过程的理解。因此,我建议王老师压缩前面的内容,留出足够的时间让学生自己去设计。】

出示算一算:

(1)一组图案由 4 块基本图形组成,5 组由几块基本图形组成?8 块基本图形可以拼成几组?

(2)如果我现在有 11 块基本图形,能拼成几组图案?

学生动笔算或口算。

【指导过程:这两道练习是王老师自己加上去的,原因是受到我的启发。我让王老师思考这样的一个问题:图形运动的三种方式安排在第三单元,而"小小设计师"的实践活动却安排在学完第六单元的"有余数除法"。为什么不直接安排在第三单元"图形的运动"之后,这样不更好吗?在比赛的时候,王老师加上这两道练习的用意是既运用了图形的运动方式设计图案,同时又将第六单元有余数除法加以复习。不知这是否最佳?值得进一步去探讨!但这已经有了王老师自己的思考。】

3. 拓展提升、运用信息

师:刚才老师把我们小朋友设计的作品上传到网上,被一个漂亮的阿姨看到了,这个漂亮的阿姨是干什么的呢?她是纺织厂的设计师,她说你们设计的图案这么漂亮,她想设计出这样的一块大的花布,怎么才能得到呢?(将学生设计的图案排成 4 行 10 列)

生:基本图形先一直向右平移,形成一行,然后第一行一起向下平移,得到第二行、第三行、第四行。

师:除了平移,可不可以通过旋转和轴对称得到呢?(可以)

师演示第一行是平移,第一行到第二行旋转,第一行和第二行一起轴对称得到第三行和第四行。

师总结:这幅大的花布可以用到平移、旋转和轴对称。

【指导过程：数学来源于生活，应用于生活，数学更让生活变得美好。此环节的设计，综合运用不同的运动方式，让学生感受到生活中精美图案产生的神奇过程。】

师：今天这节课同学们表现非常好，老师有一个小小的儿歌送给大家。（出示儿歌）谁想和大家一起来分享？

生朗读：小图形，真奇妙，平移旋转轴对称，美化生活靠大家，我是小小设计师。

师：大家想一想，今天这节课我们该起一个什么名字呢？（小小设计师）既然大家都认为自己是小小设计师，那么剩下的时间小组长来把你们小组的作品贴到黑板上来，看看我们小小设计师的作品到底怎么样！

小组长将自己小组的作品贴到黑板上。

师：今天我们大家都是小小设计师，我希望我们同学长大后当一个真正的大设计师！看看这些作品多漂亮，真希望全国，乃至全世界的小朋友都来欣赏我们的作品，分享我们今天的快乐！

师：今天这节课，你有什么收获？

生：我发现通过平移、旋转、轴对称这三种运动方式可以拼出各种各样的美丽图形。

生：这节课我更喜欢轴对称，因为它可以更方便地拼出图形。

出示课后作业：

1. 利用我们今天学过的知识，给我们班的黑板报设计一个漂亮的花边；

2. 给爸爸妈妈做一张带有你自己设计思路的卡片，感谢他们的养育之恩。

【指导过程：这是一节实践活动课，王老师给学生留下的两道课后作业很是动了一番脑筋。给黑板设计花边贴近学生的生活，将所学的知识运用到自己的生活中去；给爸爸妈妈设计卡片客观真实渗透情感教育。】

对分数意义的探寻

孙慧芳老师是工作第一年的新教师，在经历一次次的磨课过程中反思自己的课堂教学。在"分数的产生和意义"一课的教学中，她能和学生一起探究分数产生的过程。在分数意义的揭示过程中，能尊重学生的生活和认知规律，帮助学生正确地认识单位"1"，理解分数的意义，引导学生一步一步地从具体的实例中逐步抽象归纳出分数的意义。同时，对具体情境中分数的意义做出解释，有条理地运用分数知识对生活中的问题进行分析与思考。

1. 走进分数

师：同学们，我们三年级的时候已经学过"分数的初步认识"，谁能说一说，你有哪些印象呢？

生1：分数分分母和分子。

生2：(补充)还有分数线。

生3：分数线就是平均分。

生4：分母代表一共有多少份。

生5：分子代表的是拿走的几份。

师：我们三年级的时候所学的分数的知识不光有分母、分子、分数线，还有分数的简单运算、比较分数的大小等。

【指导过程："分数的意义"是在学生对分数有了初步的认识的基础上进行教学，孙老师在试上的过程中没有这一环节的设计。我告诉孙老师，对于分数，学生不是第一次接触，你可以把以前学过的与分数有关的知识找出来，这就是学生已有的知识基础。我们的每一节课的教学内容，对于学生的数学学习而言，只不过是数学知识的一个环节。因此，我建议孙老师在备课的时候，要学会去寻找学生的知识基础和经验基础，这样的教学才有根基，才会牢固。同时，我们还要去思考本节课的教学内容是在为后续的学习做哪些准备。孙老师在重新备课的时候，找到了学生三年级的时候曾经学过的"分数的初步认识"有关知识和学生一起复习和回忆，进而自然过渡到本节课所要学习的内容。】

师：今天这节课，我们仍然来学习分数的有关知识。我们先一起来看一下分数产生的历程。(出示3000多年前古埃及的分数记号)这是3000多年前古埃及的分数记号，这里的椭圆形表示的是分子为1的分数。(出示2000多年前中国用算筹表示分数) 2000多年前，中国用算筹表示分数，上3下5，摆的就是分数 $\frac{3}{5}$。后来，印度用阿拉伯数字表示分数，只不过没有分数线。终于，在公元12世纪，阿拉伯人发明了分数线。这种方法，一直沿用至今。

师：(出示教材上的"结绳记数"的图)谁能告诉我，这幅图里有哪些信息？

生：古人测量这块石头的长度，发现这块石头的长度不足一个绳结。

师：古人有米尺吗？(没有)没有米尺，他们就用两个绳结之间的距离来表示固定的长度，在测这块石头的棱长时，发现最后不足一结，怎么办呢？这样，分数是不是就产生了呢？

【指导过程：教材中"结绳记数"的情境图引起了学生对分数产生原因的思考。事物产生的原因有很多，但总绕不开"需要"一词。对于分数而言，也是如此。同时，在人类历

史长河里,分数的产生走过了 3000 多年的漫长过程,孙老师结合相应的图片并加以解释,带领学生一起经历着这样的过程。】

2. 建立单位"1"的概念

师:古人的生活中有分数,那么今天我们生活中也有分数,(出示教材例题情境图)桌面上的东西应该怎么平均分?

生:把一块月饼从中间切开,然后一人一半;西红柿也可以一人一半。

师补充:但是要平均分,这样两个人才公平。比如,我们教室里两人同桌,一个人坐得那么多,另一个人坐得那么少,这样行不行?(不行)

师:请大家拿出学习单,完成学习单上的第 1 题:

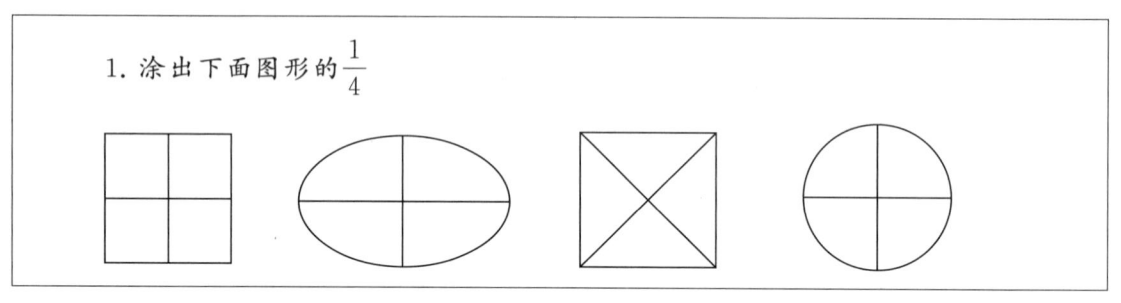

1. 涂出下面图形的 $\frac{1}{4}$

学生独立完成。投影学生完成情况,集体反馈,再次强调"平均分"。

师:把一个图形,平均分成 4 份,1 份用 $\frac{1}{4}$ 表示。可不可以平均分成 5 份?6 份?7 份?……(可以)我们就可以说,把一个图形平均分成若干份,取其中的 1 份或几份。大家继续完成学习单上的第 2 题。

2. 涂出下面图形的 $\frac{1}{4}$

(1)
(2)

学生独立完成。投影学生完成情况,集体反馈。

师:刚才我们是把一个图形看成一个整体,这里是把好多个图形(笑脸)看成一个整体,也可以表示出它的 $\frac{1}{4}$。下面,大家完成学习单的第 3 题。(1 米的线段,平均分成 4 份,涂出 $\frac{1}{4}$)

学生独立完成。投影学生完成情况,集体反馈。

师:1米长的线段,平均分成4份,涂出其中的一份就是$\left(生齐:\frac{1}{4}\right)$。那老师考考你,1平方米能不能平均分?1小时能不能平均分?1千克能不能……像1米、1小时、1千克……都是我们的计量单位。

师总结:像上面的一个图形我们称之为一个物体,有4个笑脸或8个笑脸我们称之为一些物体,还有1米、1小时、1千克……像这些的计量单位,都可以把它们看成一个整体,这个整体我们把它叫作单位"1",把单位"1"平均分成4份,其中的1份就是$\frac{1}{4}$。

师板书:把单位"1"平均分成若干份,表示这样的一份或几份的数叫分数。

【指导过程:从分数$\frac{1}{4}$出发,学生在涂一涂的过程中感受$\frac{1}{4}$这一分数的本质是先将图形平均分成4份,再涂其中1份。学生在涂色的过程中,发现所给定的事物不同,但方法和步骤相同。三次涂色,所面对的对象不同,在对比的过程中自然引入这个所分的对象可能是"一个物体""一些物体""一个计量单位",进而自然过渡到单位"1"的概念。这是一个由具体到抽象的过程。学生在具体的操作过程中,自然对分数意义这一抽象的概念有了更进一步的认识和理解。】

师:下面我们来看一道练习题:

一堆糖,共12个。①平均分成2份,每份是这堆糖的(　　　),一份是(　　　)个;②平均分成3份,2份是这堆糖的(　　　),一份是(　　　)个;③平均分成4份,3份是这堆糖的(　　　),一份是(　　　)个;④平均分成6份,5份是这堆糖的(　　　),一份是(　　　)个。

学生独立完成,并分别汇报。出示$\frac{1}{2},\frac{2}{3},\frac{3}{4},\frac{5}{6}$。

3. 分数单位

师:我们一起来看这些分数。数是数出来的,从1到10,要从1数到10,这些分数我们能不能数出来?

学生试着数一数,根据学生数的情况分别出示相应的分数。

师:你们发现它们有没有什么共同点?

生1:每一行的分数,它们的分母都是一样的。

生2:竖着的第1列,分数的分子都是1。

师:我们把分子是1的这些分数叫作这一类分数的分数

单位。把单位"1"平均分成若干份,表示其中一份的数就叫作分数单位。一条线段,如果平均分成两份,分数单位是$\left(\frac{1}{2}\right)$;如果平均分成三份,分数单位是$\left(\frac{1}{3}\right)$;如果平均分成四份,分数单位是$\left(\frac{1}{4}\right)$;如果平均分成五份,分数单位是$\left(\frac{1}{5}\right)$;如果平均分成六份,分数单位是$\left(\frac{1}{6}\right)$……

生:分母越大,平均分的每份就越小,分数单位就越小。

师:(指着图)如果画到$\frac{2}{3}$处,那么有几个这样的分数单位?(2个)如果画到$\frac{4}{6}$处,那么有几个这样的分数单位?(4个)

【指导过程:很多老师对分数单位的教学只是一带而过。孙老师从一道练习题入手进行过渡,既复习了分数的意义,同时又让学生在数的过程中得出:不管什么样的分数都可以数。正如华罗庚所说:"数起源于数。"对于分数同样如此。学生数着数着,自然能数出分数单位,同时在数的过程中,对分数单位和分数之间的倍数关系有了更清晰的认识。】

5. 练习巩固

1. 把下面每个图形都看作单位"1",用分数表示涂色部分的大小:

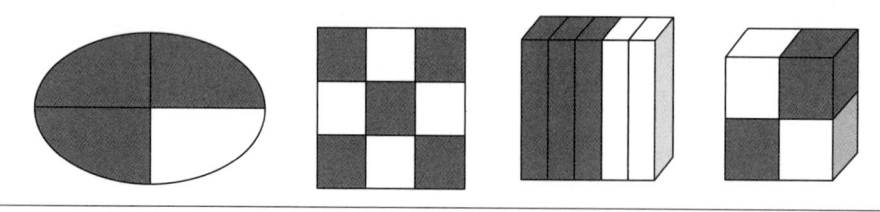

学生分别说出相应的分数、分数单位以及这样的分数里面有几个这样的分数单位。

师:分数单位的个数与什么有关?(分子)

2.(出示相关实物图)每个茶杯是这套茶杯的(　　),每块月饼是这盒月饼的(　　),每个图标是这排图标的(　　),每袋粽子是这些粽子的(　　)。每种颜色的跳棋是这盒跳棋的(　　),每次吃的药是这瓶药的(　　)。

3. 读出下面的分数,并写出每一个分数的分数单位及有几个这样的分数单位。$\frac{1}{6},\frac{2}{7},\frac{4}{15},\frac{11}{18},\frac{7}{100}$。

师：这节课你学会了什么？

【指导过程：练习的设计以所学知识巩固为目的，三道练习的设计能始终围绕分数的意义展开练习。从图形、实物中的分数到抽象符号意义上的分数，很好地巩固所学的内容。】

借"形"解"数"，感悟思想

2019年8月，刁家萍老师带领初中组的几位数学老师加入了我的工作室。10月29日，她执教了公开课"二次函数的复习课1"，在反复的磨课中，刁老师逐步理解了"数形结合"思想的真正意图。

这是一节很好地体现"数形结合"思想的复习课。这节课不仅对二次函数的知识进行系统的复习，而且可以让学生学会一种解决问题的策略。"数形结合"的思想不是有"数"，有"形"就可以了，而是需要用"数"的方式去解决"形"的问题，用"形"的直观去解决"数"的问题。我觉得这节课可以始终围绕抛物线图象展开复习，学生只需通过观察抛物线的形状就能方便快速地解决问题，因此，我认为这是一节典型的用"形"的直观去解决"数"的问题，课堂教学可以以抛物线这一"不变"应对"万变"的练习，甚至可以将抛物线放置在课件的某个固定位置，让学生充分领会"形"在解决问题过程中的重要作用，渗透"形"作为解决实际问题的一种方式方法。

1. 数学名言，初悟"数形结合"思想

师：我国有一位伟大的数学家写过这样一首诗（出示华罗庚名言），"数缺形时少直观，形少数时难入微。数形结合百般好，隔离分家万事休。"你们能理解这首诗的意思吗？（生摇头）

师：你有什么感觉吗？

生：我感觉到数形结合。

师：你的感觉很好！他就是要告诉我们数形结合的方法很重要。今天这节课，我们就用数形结合的方法来上一节复习课。（出示课题：二次函数复习课1）

【指导过程：二次函数是中学数学的重要内容之一，也是学生学习的难点之一。早在一个月前，刁老师就想上一节关于二次函数的复习课。对于复习课的教学，我以为不是单单地停留在让学生反复练习，而是让学生提高问题解决的能力。反复练习和训练可以提高学生解题的速度，但我们更多的是要让学生掌握一种方法或者一种思想。在二次函数的解析式和抛物线图象之间，我们找到了一种"数形结合"的思想，华罗庚的这句数学名言能很好地诠释"数形结合"在数学问题解决过程中的重要作用。】

2. 回忆概念，为"形"的引入做铺垫

出示练习一：开心一试

> 下列函数中，哪些是二次函数
> 1. $y=ax^2+bx+c$
> 2. $y=(x+3)^2-x^2$
> 3. $y=-x+\dfrac{1}{x^2}$
> 4. $y=3(x-1)^2+1$

生（齐）：第 4 题。

师：确定吗？（确定）

生：因为第 1 题没有规定 $a\neq 0$；第 2 题是一次函数，两个 x^2 抵消了；第 3 题是分式，不是二次函数。

师：回忆一下，什么叫二次函数？

生：形如 $y=ax^2+bx+c$（a、b、c 是常数，$a\neq 0$）的函数叫作二次函数。

师：这是二次函数的什么式？（一般式）你还有什么要补充的吗？

生 1：a 是二次项系数，b 是一次项系数，c 是常数，$a\neq 0$。

生 2：还有特殊式：当 $b=0$ 时，$y=ax^2+c$；当 $c=0$ 时，$y=ax^2+bx$；当 $b=0$，$c=0$ 时，$y=ax^2$。

师：根据刚才的概念，完成下面的一道填空题：

> 如果函数 $y=mx^{m^2-m+2}-2x-3$ 是二次函数，则 m 的值为（　　　），这个函数的解析式为（　　　）。

生：$m=1$，函数解析式为 $y=x^2-2x-3$。

师：说一说，你是怎么算出来的？

生：$m^2-m+2=2$，所以 $m=0$ 或 1，因为 $m\neq 0$，所以 m 只能等于 1，所以 $y=x^2-2x-3$。

【指导过程：这是一节复习课，所以对于什么是二次函数，学生既清楚又模糊。清楚的原因是学生已经学过相关内容；模糊是因为随着时间的推移，学生虽然知道这一概念但不一定能完整地表达。因此，此环节的设计有三个层次：1. 给出一些函数，让学生去判断哪些是二次函数。在判断的过程中，老师让学生说出判断的依据（二次函数的特征）。

2.尝试回答什么叫二次函数,它有几种形式。3.根据二次函数的概念进行相关练习。这三个层次的教学呈现出一种递进的关系。在复习的过程中表现出一种"张力",课堂氛围轻松、自然。】

3.借"形"解"数",领悟"数形结合"魅力

师:我们知道了什么叫二次函数,今天刁老师给同学们带来了一幅图,这是抛物线的一半,你可以补充完成吗?补充完成后,请同学们分组讨论。通过这个图象,你能得到哪些结论?

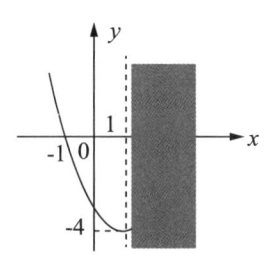

学生动手操作,然后分组进行讨论。

生:另一半与 X 轴的交点为(3,0),开口向上,对称轴是 $x=1$。

师:(展示另一半)大家跟他画的一样吗?(一样)你觉得二次函数的抛物线是一个怎样的图形?

生:是一个轴对称图形,对称轴是 $x=1$。

【指导过程:试上时,刁老师给出抛物线的一半,告诉学生这是一个残缺的抛物线,让学生根据这残缺的抛物线想到哪些信息,然后再尝试运用自己的方法画出另一半。我建议道:可以将抛物线的另一半遮挡起来,待完成后只需移开遮挡物,这样完整的图象自然呈现在学生的面前。】

师:通过画或小组讨论,你得到了哪些结论?

生1:开口向上,说明 $a>0$;对称轴是直线 $x=1$;对称轴公式是 $x=\dfrac{-b}{2a}$;顶点坐标是 (1,-4);最值是当 $x=1$ 时,y 的最小值是 -4;当 $x<1$ 时,y 随 x 的增大而减少,当 $x>1$ 时,y 随 x 的增大而增大。

生2:抛物线与 x 轴的交点坐标是 $(-1,0),(3,0)$,说明 $\triangle>0$。

生3:解析式是 $y=(x-1)^2-4$。

【指导过程:"数形结合"的思想不是说有"数"和"形",而是两者要结合。其结合的关键在于用"数"去解决"形"的问题或者用"形"去解决"数"的问题。对于老师而言,我们头脑里面应该有这样清晰的思路。通过观察抛物线及其特征,我们可以得到什么样的结论。当然,有些结论也可以从解析式中得出,但这不是初衷。让学生由抛物线初步体验"数形结合"的思想。】

师:刚才我们说到交点问题,我们一起来看一下这道题:

如图:抛物线 $y=ax^2+bx+c(a\neq 0)$ 与 x 轴的交点的横坐标分别为 -1、3,请判断下列说法的正误:

1. $ac<0$
2. $2a+b=0$
3. $a+b+c>0$

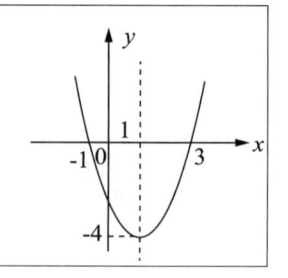

学生根据图象快速进行判断正误。

师:谁能根据图象,再编一道类似的题?

生1:$a+bc>0$。

生2:$a-b+c=0$。

师:如果 x 取2时,$4a+2b+c<0$。

【指导过程:通过图象,学生直接判断正误。当然,运用函数解析式也能进行判断。但相比较而言,根据图象可以快速判断正误。这很好地体现出"形"在解决"数"问题中的重要性。当用"形"不能或很难解决"数"的问题,而用"数"却非常容易解决"数"的问题,这不是"数形结合"的核心价值所在。在完成判断练习后,刁老师让学生根据图象本身编写类似的练习题,进一步发挥"形"在问题解决过程中的重要作用。】

结合刚才的抛物线,我们来看下面一道题:

若点 $A(-2,y_1)$, $B(1,y_2)$, $C(2,y_3)$ 三点都在 $y=x^2-2x-3$ 函数图象上,比较 y_1,y_2,y_3 的大小(用"<"连接)。

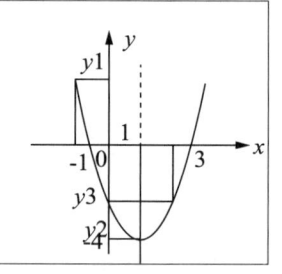

学生1:根据图象,在 y 轴上依次找到 y_1,y_2,y_3 这三个点,易得 $y_2<y_3<y_1$。如右图所示。

学生2:根据图象,当 $x=1$ 时,$y=-4$(最小),所以 y_2 最小,另外,当 $x<1$ 时,$y>0$;当 $x>1$ 时,$y<0$。所以 $y_1>y_3$。所以 $y_2<y_3<y_1$。

【指导过程:对于"比较 y_1,y_2,y_3 的大小"这样的问题,通过解析式很难进行比较,两个学生很好地利用给出的抛物线,将问题顺利解决,再次体会到"形"的作用。】

师:你能根据抛物线,写出这个函数的解析式吗?

学生列式为:

解:设抛物线的解析式为 $y=a(x-h)^2+k$,

由图象可知 $y=a(x-1)^2-4$。

将$(-1,0)$带入解析式,$0=a(-1-1)^2-4$,$4a=4$,$a=1$,

所以抛物线的解析式为$y=(x-1)-4$。

师:下面我们通过图象一起来解决我们最喜欢的平移问题。

1. 将图象$y=(x-1)^2-4$向上平移4个单位,再向左平移1个单位,求所得到的图象所对应的二次函数的解析式;

2. 该图象$y=(x-1)^2-4$经过平移能否得到二次函数$y=x^2-8x+10$?

问题1:课件演示平移前后的抛物线,如下图。易得平移后解析式为$y=x^2$。

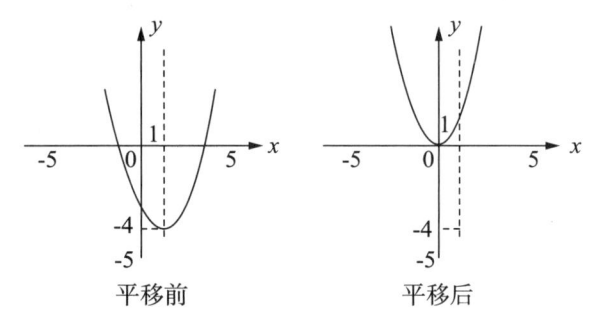

平移前　　　　　　平移后

问题2:把$y=x^2-8x+10$化成顶点式为$y=(x-4)^2-6$,这样顶点坐标为$(4,-6)$,那么该如何平移呢?课件演示平移后的抛物线,如下图。

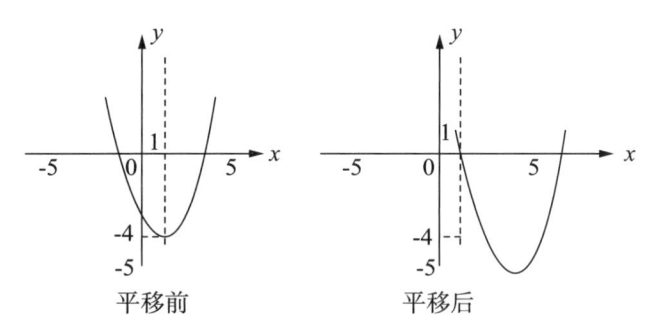

平移前　　　　　　平移后

【指导过程:平移前后图象的形状、开口方向不变,但顶点坐标和对称轴发生了变化,所以根据平移后的对称轴和顶点坐标我们能求出平移后的二次函数的解析式,但这需要较复杂的计算,而通过观察平移后的图象,可以一眼发现该图象所对应的解析式。】

师:我们一起来看最后一个最值问题:

> 请你观察图象$y=(x-1)^2-4$,回答下列问题:
> 1. 当x为何值时,$y<0$?
> 2. 当$2\leqslant x\leqslant 4$时,y的取值范围是什么?有最值吗?如果有,最值是什么?

生1:观察图象,$y<0$,只要看y轴的下半部分,所以当$-1<x<3$时,y即为小于0。

生2:当x取2时,y取-3;当x取4时,y取5。所以y的取值范围为$-3\leqslant y\leqslant 5$。

当 x 取 2 时,函数的最小值为 -3;当 x 取 4 时,函数的最大值为 5。

【指导过程:对于二次函数的最值问题是初中阶段的重难点内容,也是中考的必考内容。每年中考,学生因无从下手而导致在此失分较多。通过本节课的学习,学生能自觉运用"数形结合"的方法,通过观察图象,使得最值问题迎刃而解。】

4. 总结提升,播下问题解决"种子"

师:刚才这两题是比较麻烦的,很抽象。但是当问题很抽象时,我们可以借助于图象帮助我们解决。因此,今天这节课,我们借助于数学家给我们带来的这段话(再度出示华罗庚名言:数缺形时少直观,形少数时难入微。数形结合百般好,隔离分家万事休。)我们在解决今天的问题中,是不是都通过这样的方法来解决问题?(是)让一个抽象或复杂的问题简单化,这是我们"数形结合"思想的一个非常大的作用,希望同学们在今后的学习中学会灵活运用。

【指导过程:学生学会知识是重要的,但更重要的是掌握学习这一知识的方法。这一点,应该是公认的,但在教学过程中却往往被我们所忽视。课后,我开玩笑地跟习老师说:"这节课的课题是'二次函数的复习课1',你可以再设计一节'二次函数的复习课2'作为这节课的续集,反过来用'数'的方式去解决'形'的问题,这样学生对'数形结合'思想的感悟更透彻。"习老师说:"难度太大!"但我还是期待。】

要"会",更要"慧"

康方方老师是 123 团中学中学部的一位数学老师,2019 年 8 月加入了我的工作室,在工作室第五次活动中,她执教了八年级的"三角形全等判定 2"一课。

在试上的过程中,我给她指出:学生不仅要学会知识,更重要的是学生经历的学习过程,这个过程要让学生智慧起来,要帮助学生建立一个完整的知识结构体系。康老师听取了我的建议,在工作室教研展示活动中应该说取得了成功,下面是康老师执教的"三角形全等判定 2"一课的课堂实录及我对这节课的指导过程:

1. 情趣导入,激发兴趣

师:前几节课我们一起研究了三角形全等以及三角形全等的其中一个判定。今天我们接着学习三角形全等的判定。在讲新课之前,我想请同学们帮我解决一个问题。(生齐:好的)

多媒体出示问题:

> 某同学不小心把一块三角形的玻璃打碎成两块(如图所示),现在到玻璃店去配一块完全一样的玻璃。如果只准带一块碎片,那么应该带哪一块去?能试着说明理由吗?

师:他拿哪一块能够配出一个一模一样的三角形玻璃呢?

生:(齐)(先回答)拿第2块,(思考了一会儿)拿第1块。

师:那你能说说你的理由吗?

生:……

师:这个问题我们先放在这里,等学完新课之后,我再找同学回答到底要拿哪一块去配玻璃?并且要说出你的理由。这节课我们一起来学习三角形全等的第2个判定,在学习新课之前我们先来复习一下前几节课学过的内容。

【指导过程:究竟带哪一块碎玻璃?这与这节课学习的内容有怎样的关系?课的开始为学生设下悬念,激发了学生的学习兴趣,同时又为"全等三角形的判定2"的教学做了一个很好的铺垫。】

师:什么叫全等三角形?

生:能够完全重合的两个三角形叫作全等三角形。

师:还学习了两个三角形全等的判定:边边边(SSS),你还记得吗?

生:记得,三边对应相等的两个三角形全等(可以简写为"边边边"或"SSS")。

师:由于八年级是初中几何证明的开始,对书写格式的要求尤为严格。

(生一起口述书写过程)

师:除了SSS之外,还有其他两个三角形全等的情况吗?

生(齐):有。

师:通过上一节课的探究,我们知道,两个三角形全等,至少需要三个条件。在这里,我把6个条件中满足三个条件的情况一一列出:(1) 三个角,(2) 三条边,(3) 两边一角,(4) 两角一边。第1个可以吗?请举出反例。

生:不可以,老师用的直角板和我们用的直角板,都有30°,60°,90°,但大小不一样,不全等。

师:为什么"边边边"可以证明两个三角形全等的?

生:因为两个三角形满足三边相等的时候,两个三角形的形状和大小都可以确定,可以说明他们两个是全等的。

师:那我们今天来研究第3种情况,两边一角。

【指导过程:新知的学习是课堂教学的目标,但更重要的是如何帮助学生将所要学习的新知纳入已有的知识结构系统中,实现系统化、结构化学习,这对于学生的学习能力的提升和后继的数学学习至关重要。在明确了本节课的学习内容之后,康老师没有进行教学三角形全等判定2,而是和学生一起进行知识梳理,列出四种情况,即三个角、三条边、两边一角、两角一边,最终确定本节课学习的内容属于四种情况中的第3种。这样的设计是有意义的!】

2. 解决问题,探究新知

师:两边一角,如图,当两个三角形满足$\angle A=\angle A'$时。那满足两组对边分别相等,可以有哪些情况?

生:$AB=A'B'$,$AC=A'C'$。

师:还有没有其他两边的可能?

生:$BC=B'C'$,$AC=A'C'$。

【指导过程:继续帮助学生建立知识结构:两边一角又可以分为两种情况,即两边和它们的夹角,两边和一边的邻角(另一边的对角)。条理清晰,指向明确。】

师:那我们今天先来研究这两种情况中的第1种情况。那这个过程我要交给大家,先任意画出一个$\triangle ABC$,再画一个$\triangle A'B'C'$,使$A'B'=AB$,$\angle A'=\angle A$,$A'C'=AC$。把画好的$\triangle A'B'C'$剪下,放到$\triangle ABC$上,它们全等吗?

学生们通过自己动手操作,直观感受到在满足题意的前提下剪下来的两个三角形全等。

生1:我画出的两个三角形满足3个条件,两条边分别对应相等及它们的夹角相等,剪下来放在一起是完全重合的,所以,这两个三角形全等。

生2:我也是按老师的要求满足3个条件$AB=A'B'$,$\angle A=\angle A'$,$AC=A'C'$。然后它们能够完全重合在一起,所以它们是全等的。

生3:我按要求做完发现,我的两个三角形也是全等的。

【指导过程:教材中要求任意画一个$\triangle ABC$,如何体现"任意"一词?"任意"不是"随便",而是不管什么样的三角形都可以得出结论。在此,我建议康老师放手让学生去动手操作,从三角形分类的角度分别选择锐角三角形、直角三角形和钝角三角形让学生去汇报,进而得出不管是什么样的三角形,其实验的结果是一致的,以凸显"任意"一词。】

师:那好,按要求两个三角形只要满足三个条件,而且那个角必须是两组对应边的夹角。这两个三角形先画出,再拼一拼,我们可以发现两个三角形是全等的。因此,我们探究出全等三角形的判定2,这就是我们这节课要学习的内容。

生(齐):全等三角形的判定2。

师：两边和它们的夹角对应相等的两个三角形全等。（可以简写成"边角边"或"SAS"）

用几何语言表述为：

在△ABC 和△A′B′C′中，

∵ $AB=A'B'$，$\angle A=\angle A'$，$AC=A'C'$

∴ △ABC≌△A′B′C′（SAS）

师：注意几何语言及书写格式。

师：下面，我们进行练习。（出示一组连线题）在下列图中找出全等三角形。你们看完题之后如果没有思路可以小组讨论，有思路的同学可以举手回答。

生1：第1个和第6个三角形全等，因为这两个三角形都有5cm和8cm的边，也都有30°的角。

师：那这个角有什么要求吗？

生2：有要求，这个角必须是这两条边的夹角。

师：还有哪些要求？

生：还有第2个和第4个三角形全等。

师：理由？

生：也是利用SAS来判定的。

师：那第3个和第5个三角形全等吗？

生：不全等。

师：为什么？它们也满足3个条件呀，2条边和1个角对应相等。

生：那个角不是两条边的夹角。

师：那好，我们现在来探究两边一角的第2种情况——SSA。请同学们翻开课本第39页，根据课本上的思考，展开小组讨论。然后，找同学发表意见。

生1：我们小组通过探究发现第39页的思考，这个图里面△ABC 与△ABD 的形状是不一样的，虽然这两个三角形，满足其中一个∠B 等于∠B′，线段AB 等于线段A′B′，线段AC 等于线段AD。但是这两个三角形不是全等的。

生2：我们小组通过讨论之后发现，当两个三角形满足三个条件，两条边一个角，但是这个角不是夹角的时候，这两个三角形的形状是不一样的，因此这两个三角形是不一定全等的。

【指导过程：对于两边一角的第2种情况（两边和一边的邻角相等）是否也全等，康老师首先设计一组连线题（其中有两边和夹角相等，也有两边和邻角相等），在练习的过程中让学生初步感知。然后通过小组合作探究的形式，让学生在探究中得出不全等的结

论。这样的探究是真探究,是有意义的。】

师:好,首先表扬一下这两位同学,这两位同学回答得都特别棒,他们两个组都注意到了。当满足3个条件,但这个角不是夹角时,两个三角形的形状不一定是一样的。因此这两个三角形也不一定全等。

3. 利用新知,答疑解惑

师:我们今天这节课学习了一个三角形全等的判定,也就是边角边。那我们学习了这个三角形全等的判定——边角边(SAS)之后,我们是不是就可以用它来解决一些问题呢?请看下面这道题,我先找一位同学说一说他的思路。

生:在这道题中给了2个已知条件,再加上1个隐藏的条件——公共角,就可以用今天学习的三角形全等的判定——SAS来证明了。

师:这位同学回答得很好,那你们说过程,我在黑板上板书过程,好吧?

生(齐):好……

师:这个题判定三角形全等的依据是什么?

生(齐):边角边(SAS)。

师:那我们现在来看一看课前的问题,到底拿哪一块玻璃可以配到一模一样的三角形呢?(生齐:第1块)为什么?

生:因为第1块玻璃有两边及夹角是确定的,利用今天学习的三角形全等的判定SAS,拿第1块玻璃可以配到一模一样的三角形。

【指导过程:学完新知后,学生利用所学的知识将课前的设疑在此自然解决。真正体会学习的意义和成功的快乐。前后呼应,而不是有始无终。】

师:好,同学们特别棒,可以用新知识解决问题了,那你们再帮我解决一个问题好不好?(生齐:好)

4. 生活助力,巧解难题

多媒体出示:

例2:如图,有一池塘,要测池塘两端A、B的距离,可先在平地上取一个可以直接到达A和B的点C,连结AC并延长到E,使$CE=CA$。连结BC并延长到D,使$CD=CB$。连结DE,那么量出DE的长,就是A、B的距离。为什么?

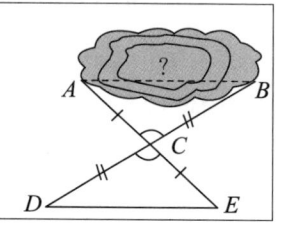

师:为什么量出DE的长,就是A、B的距离?

生:证明:在△ACB 和△ECD 中

∵AC=EC，∠ACB=∠ECD，BC=DC

∴△ACB≌△ECD（SAS）

∴AB=ED

测得 ED 的长即为 AB 的长

师:在证明题中,有些条件是已知条件,有些条件是隐藏条件,比如公共边、公共角、对顶角等,找到它们之后可以当已知条件用。

5. 归纳总结,整理收获

师:你们学到了哪些三角形全等的判定方法？

生:(齐)边边边（SSS），还有今天学习的边角边（SAS）。

师:今天学习的三角形全等的判定 SAS 有什么需要注意的？

生(齐):角必须是两边的夹角。

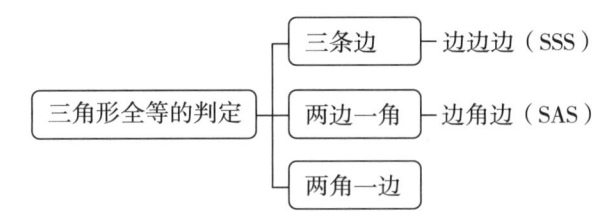

```
三角形全等的判定 ─┬─ 三条边 ── 边边边（SSS）
                 ├─ 两边一角 ── 边角边（SAS）
                 └─ 两角一边
```

【指导过程:利用希沃白板的思维导图,复习、回忆、整理,帮助学生牢牢建立一种思维模型结构,不仅让学生很好地掌握知识,而且给予学生知识生长的力量。】

师:那老师这里又有一个问题,你们看一下。在这个问题里,应该拿哪一块玻璃呢？

(生意见不统一)

师:那我们下一节课接着探究,好吗？

生(齐):好。

猜想·验证·运用

对于"等腰三角形的性质"一课的公开展示教学活动前,宣娜老师进行了两次试上。在试上时,宣老师从知识角度出发,围绕等腰三角形的性质展开证明,学生在证明的过程中获取知识。对此,我指出,我们的数学学习需要经历一个过程,这个过程不是教师强行将知识放进学生的头脑里面,如是则"虽终其业,其去之必速"！对于几何性质的教学,我以为存在一种通用的模式,那就是根据学生已有的知识或经验,产生一种"猜想",由"猜想"到"验证",在"验证"的过程中产生一种"新的猜想",再由"新的猜想"到"新的验证"这样的一种循环往复的过程。宣老师听取了我的建议,在"等腰三角形的性质"一课的教学中尝试运用。

1. 提取已有等腰三角形的观念

师：(出示几幅等腰三角形的实物图片)同学们看黑板上的图片，知道我们今天要学习什么内容吗？

生(齐)：等腰三角形。

师：很好，同学们，我们在小学接触过等腰三角形吗？

生(齐)：接触过。

师：那你们学习过等腰三角形的哪些知识呢？

生1：等腰三角形的两腰相等。

生2：等腰三角形底下两个角相等。

师：很好，那我们今天就继续来学习等腰三角形。

【指导过程：等腰三角形这一概念对学生而言并不陌生，在小学阶段，学生对等腰三角形已经有了一定的知识基础。这一知识基础在本节课的教学中，必须加以合理应用。】

师：首先我们看等腰三角形的定义：有两条边相等的三角形叫作等腰三角形。在 $\triangle ABC$ 中，如果 $AB=AC$，那么我们就说 $\triangle ABC$ 是等腰三角形。其中相等的两条边叫作腰（AB 和 AC），另外一边叫作底边（BC），两腰的夹角叫作顶角（$\angle A$），腰和底边的夹角叫作底角（$\angle B$ 和 $\angle C$）。

2. 借助已有知识展开合理猜想、并验证

师：我们看等腰三角形的定义，它既可以当作等腰三角形的性质，也可以当作等腰三角形的判定。那么同学们猜一猜，等腰三角形还有什么性质呢？

生(齐)：等腰三角形的两个底角相等。

【指导过程：有两条边相等的三角形叫等腰三角形，学生自然想到等腰三角形的两个角相等。但是从"两条边相等"到"两个角相等"这只是一个猜想，这个猜想是否正确？需要一个验证的过程。】

师：那咱们来验证一下，等腰三角形的底角是不是相等的。现在请同学们拿出准备好的长方形的纸，像老师这样对折，然后裁下三角形。(教师示范，学生动手操作)

师：观察一下你裁出的三角形是等腰三角形吗？

生：是的。

师：你能找到它的两个底角吗？

生(齐)：能。

师：它们相等吗？

生：折叠后这两个角完全重合，所以它们相等。

师：很好，现在请大家思考两个问题：1.你裁下的三角形是轴对称图形吗？如果是，对称轴是什么？2.找出其中相等的线段和相等的角。

学生思考，讨论完成后举手回答。

生：是轴对称图形，对称轴是中间的折痕。

师：很好，是轴对称图形，但它的对称轴不能说是中间的折痕，而是折痕所在的直线。

师：谁来说一说相等的线段和相等的角？

生1：相等的线段有：$AB=AC$，$BD=CD$，$AD=AD$。

生2：相等的角有：$\angle B=\angle C$，$\angle BAD=\angle CAD$，$\angle ADB=\angle ADC$。

师：那你从这些相等的线段和相等的角里能不能猜一猜等腰三角形还有没有其他的性质？

生：等腰三角形的顶角平分线、底边上的中线、底边上的高相互重合。

【指导过程：学生通过动手操作，得出等腰三角形的两个底角相等，这是实践验证。对于结论是否成立，我们还得需要从理论角度进行验证，即几何证明。】

师：非常好，刚才我们通过折纸验证了等腰三角形的两个底角相等。在我们数学里，这个性质这样验证是不够的，我们必须要干什么呀？

生：要进行证明。

师：那我们就先来证明等腰三角形的两个底角相等，这是一个命题，我们要证明必须先画图。改写已知，求证。（画出图形）大家看图写出已知，求证。

学生完成有些困难，老师提醒。

师：这个命题先改写成"如果……那么……"的形式。

生：如果一个三角形是等腰三角形，那么它的两个底角相等。

师：把如果后面的改写成已知，那么后面的改写成求证，用几何语言怎么描述呢？

生：已知：在 $\triangle ABC$ 中，$AB=AC$，求证：$\angle B=\angle C$。

师：非常好，那我们怎么解这个题呢？要想证明两个角相等，我们通常用什么方法？

生：用全等。

师：要证全等需要两个三角形，可是同学们看一下，这里只有一个三角形，怎么办呀？

生：可以添加辅助线。

师：添一条什么辅助线呢？

生：作等腰三角形的高。

师：很好，我们可以过点 A 做 BC 上的高。

教师出示解题具体过程：

证明：过点 A 作 $AD\perp BC$，垂足为 D，得 $\angle BDA=\angle CDA=90°$

在 Rt$\triangle BAD$ 和 Rt$\triangle CAD$ 中，

$\begin{cases} AB=AC（已知）\\ AD=AD（公共边）\end{cases}$

∴ Rt$\triangle BAD\cong$ Rt$\triangle CAD$（HL）

∴ $\angle B=\angle C$（全等三角形的对应角相等）

【指导过程：在实践层面和理论层面对猜想进行了验证，学生牢固地掌握"等边对等角"这一性质。同时更重要的是学会了一种科学的知识获取的方法：对于一个新的知识可以先进行大胆猜想，在猜想的基础上验证。其实，人类的进步，正是在一次次猜想验证的过程。从某种层面上讲，学生掌握了一种习得知识的方法要比学会知识本身重要。】

3. 在验证的基础上对新的猜想再次验证

师：同学们观察一下，这两个三角形全等，除了能得到 $\angle B=\angle C$ 之外，还能得到什么结论？

生：$\angle BAD=\angle CAD$（全等三角形的对应角相等），$BD=CD$（全等三角形的对应边相等）。

师：很好，由此我们发现，AD 现在不仅是 BC 边上的高，还是 BC 边上的中线、顶角 $\angle BAC$ 的角平分线。

师：还有什么方法呢？如果不想做高呢？如果你有困难，可以和同桌讨论一下，或者看看课本。

学生看书，和同桌讨论。

生：可以做 BC 边上的中线。

师：然后呢？

生：然后可以用"边边边"证明 $\triangle BAD$ 和 $\triangle CAD$ 全等。

老师出示解题过程：

证明：过点 A 作 BC 边上的中线，得 $BD=CD$。

在 $\triangle BAD$ 和 $\triangle CAD$ 中，

$\begin{cases} AB=AC（已知）\\ AD=AD（公共边）\end{cases}$

$BD=CD$（已证），

∴ $\triangle BAD\cong\triangle CAD$（HL）

∴∠B＝∠C（全等三角形的对应角相等）

∠BAD＝∠CAD（全等三角形的对应角相等）

∠ADB＝∠ADC（全等三角形的对应角相等）

师：还有什么方法吗？

生：有，还可以做顶角∠BAC的角平分线。

师：很好，我们发现，无论用什么方法，只要我们能够证明△BAD和△CAD全等，就可以同时证明两个猜想正确性。

师：现在我们来看一下等腰三角形的这两个性质以及几何语言的表示形式。

出示等腰三角形的性质和几何语言。

等腰三角形的性质1：等腰三角形的两个底角相等（简写成"等边对等角"）。

用几何语言表示为：

在△ABC中，

∵ AC＝AB（已知）

∴∠B＝∠C（等边对等角）

等腰三角形的性质2：等腰三角形的顶角平分线、底边上的中线、底边上的高相互重合（简写成"三线合一"）。

用几何语言表示为：

在△ABC中，

（1）∵AB＝AC，AD⊥BC，

∴∠1＝∠2，BD＝CD；

（2）∵AB＝AC，AD是中线，

∴∠1＝∠2，AD⊥BC；

（3）∵AB＝AC，AD是角平分线，

∴AD⊥BC，BD＝CD。

师：现在我们对等腰三角形的性质进行应用。

【指导过程：对于等腰三角形的"三线合一"这一性质，学生在小学已知的等腰三角形的知识基础上，并不能做出这样的猜想。但是学生在"等边对等角"这一性质的验证过程中，会做出这样的猜想。因此，数学知识的获得应该存在着这样的一种逻辑上升的过程：猜想→验证→新的猜想→新的验证→……因此我们的教学不能操之过急，"语之而不知，虽舍之可也。"】

4. 练习巩固,强化获得的新知

师:下面我们一起来看几道练习题。出示练习题1:等腰三角形 ABC 中 $\angle A=36°$,其他两个角为(　　　)。

生1:我们的答案是 $72°,72°$。

师:还有其他答案吗?

生2: $36°,108°$。

师:你们能说说你们是怎么算的吗?

生1:我让 $36°$ 的角为等腰三角形的顶角,两个底角的度数等于 $(180°-36°)\div 2=72°$,

所以另两个角的度数是 $72°,72°$。

生2:我让 $36°$ 的角为等腰三角形的底角,另一个底角也是 $36°$,顶角等于 $180°-36°\times 2=108°$,所以另两个角的度数是 $36°,108°$。

师:非常好,这道题里只给了一个 $36°$ 的角,但并不知道它是顶角还是底角,所以有两种情况,同学们注意不要漏值。

师:如果把 $36°$ 改成 $108°$ 呢?大家算一下。

生: $36°$。

师:只有这一个答案吗?你把 $108°$ 的角当作了什么角?

生:对,只有这一个答案,我让 $108°$ 的角为顶角,用 $(180°-108°)\div 2=36°$。

师:那你为什么不让它是底角呢?

生:它不能是底角,因为要是底角,$108°+108°$ 就大于三角形的内角和 $180°$ 了。

师:很好,$108°$ 时就只有一个答案。

师:我们来看第2题:2.如图,在 $\triangle ABC$ 中,$AB=AC$,D 是 BC 边上的中点,$\angle B=80°$,求 $\angle BAD=$(　　　)。

生: $10°$。

师:说说你怎么算的。

生:在 $\triangle ABC$ 中,$AB=AC$,$\angle B=80°$,所以 $\angle BAC=180°-80°\times 2=20°$。又因为 D 是 BC 边上的中点,根据三线合一 AD 是 $\angle BAC$ 的角平分线,所以 $\angle BAD=20°\div 2=10°$。

师:很好,大家鼓励一下!

师:我们来看第3题:3.在 $\triangle ABC$ 中,$AB=AC$,底角比顶角大 $15°$,求各角度数(　　　)。

学生独立思考,请一个学生上黑板讲解。

生：因为底角比顶角大15°所以设顶角为$x°$则底角为$(x+15)°$，根据三角形内角和得：$x+(x+15)+(x+15)=180°$解出来$x=50°$，所以三角形的三个内角分别是50°，65°，65°。

师：很好。现在我们来看一道例题。例1：如图，$AB=AC$，$\angle A=40°AB$的垂直平分线MN交AC于点D，求$\angle DBC$的度数。

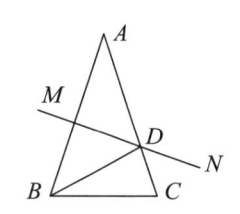

生：因为$AB=AC$，$\angle A=40°$，所以$\angle ABC=\angle C=70°$又因为MN是AB的垂直平分线，所以$AD=BD$根据等边对等角，得出$\angle ABD=\angle A=40°$，所以$\angle DBC=\angle ABC-\angle ABD=70°-40°=30°$。

师：非常好，我们来看一下解题过程。

出示解题过程：

解：∵ $AB=AC$，$\angle A=40°$（已知）

∴ $\angle ABC=\angle C=(180°-40°)\div 2=70°$（等边对等角）

又∵ MN是AB的垂直平分线

∴ $AD=BD$（线段垂直平分线上的点到线段两个端点的距离相等）

∴ $\angle ABD=\angle A=40°$（等边对等角）

∴ $\angle DBC=\angle ABC-\angle ABD=70°-40°=30°$

师：同学们想一想，我们今天都学习了什么内容呢？

生1：学习了等腰三角形的定义。

生2：学习了等腰三角形的性质，等边对等角和"三线合一"。

师：很好，我们学习了这些知识，就要会用它们来解决问题。

打通通道，内化结构

胡万涛老师2018年参加工作，任教于123团中学初中部。虽然工作刚过一年，但是已在2019年12月2日至6日学校开展的青年教师教学大比武活动中获得了第1名的好成绩。在教学过程中，他以小组讨论合作探究的形式展开课堂教学。在教学过程中，从复习等腰三角形引入，用类比的方法探究等边三角形的性质。他以学生为中心，和学生一起探究了等边三角形的定义、性质和判定，学生在主动参与的过程中进行深度学习，课堂氛围良好，得到了评委老师的一致好评！

1. 初步感知等边三角形概念具象

师：同学们，我们已经学过等腰三角形，什么叫等腰三角形？（有的学生说有两条腰相等，有的学生说有两条边相等）我们这节课一起来学习等边三角形（板书课题），我们一起来看一下两幅图片(台球框、交通警示牌),它们都是(等边三角形),你们为什么认为它们都是等边三角形?

生:三条边相等的三角形叫等边三角形。

师:等边三角形还有一个名字叫什么?

生:正三角形。

出示思考1:一个等边三角形是等腰三角形吗?为什么?

生:等边三角形是特殊的等腰三角形,等腰三角形只要有两条边相等。

思考2:一个等腰三角形一定是等边三角形吗?为什么?

生:不是,因为等腰三角形的三条边不相等。

【指导过程:等边三角形是特殊的等腰三角形,其特殊性体现在什么地方?这是课堂教学中,教师需要引导学生思考的问题。等腰三角形包含等边三角形:因为只要有两条边相等的三角形即为等腰三角形,当第三条边也相等时即为等边三角形。】

2. 回忆等腰三角形知识习得路径

师:我们之前学习过等腰三角形,它有哪些性质?(以思维导图的形式出现)

生:有两条边相等,有两个底角相等,有一条对称轴。

师:这是我们之前学习的从"边""角"以及"对称性"总结出的等腰三角形的性质。那么,我们思考,将等腰三角形的性质应用于等边三角形,你能得到什么结论?请小组合作讨论,并结合以上三个角度进行分析、交流。

```
              ┌─ 边 ──── 两腰相等
等腰三角形 ───┼─ 角 ──── 等边对等角
              └─ 对称性 ── 轴对称图形、三线合一
```

【指导过程:以思维导图的形式呈现等腰三角形性质的知识获取过程,不仅清晰地给学生一个知识获取的网络结构,更重要的是为等边三角形性质的学习提供一种范式。】

在类比中探索等边三角形的性质和判定

小组按照下表进行合作探究学习:

◆ **类比探索等边三角形性质**

图形	边	角	是否轴对称	对称轴条数
等腰三角形	两边相等	两底角相等	是 (三线合一)	1条
等边三角形				

小组汇报:1.三条边相等;2.三个角相等;3.也是轴对称图形;4.三条对称轴。

师:有没有补充?

生:三个内角相等,都是60°。

师:等边三角形的三条边都相等,定义里面已经说了,不需要证明。那么为什么等边三角形的三个角相等,都是60°?

小组合作讨论,汇报如下证明过程:

性质2:等边三角形的三个内角都相等,并且每一个角都等于60°。

已知:△ABC是等边三角形

求证:$\angle A = \angle B = \angle C = 60°$

证明:∵△ABC是等边三角形

∴$BC = AC$,$BC = AB$

∴$\angle A = \angle B$,$\angle A = \angle C$

∴$\angle A = \angle B = \angle C$

∵$\angle A + \angle B + \angle C = 180°$

∴$\angle A = \angle B = \angle C = 60°$

师总结等边三角形的性质2用几何语言描述为:因为△ABC为等边三角形,所以$\angle A = \angle B = \angle C = 60°$。

师:我们再来看等边三角形的对称性。之前我们做了一个等边三角形,大家动手折一下,看看它是不是一个轴对称图形,看一看它的对称轴有几条。

学生动手操作,然后汇报(是轴对称图形,有三条对称轴),并展示折的过程。

教师总结等边三角形的三个性质:1.从边出发,等边三角形的三条边相等;2.从角出发,等边三角形的三个角相等,并且每个角都是60°;3.从对称性出发,等边三角形是轴对称图形,它有三条对称轴。

出示4道练习,加以巩固:

1. 已知等边△ABC 中,AB=3cm,则△ABC 的周长为（　　）。

2. 用一个 5 倍的放大镜照等边△ABC,则∠A=（　　）。

3. △ABC 是等边三角形,则∠A 的外角=（　　）。

4. 等边三角形两条高相交所成的钝角的度数是（　　）。

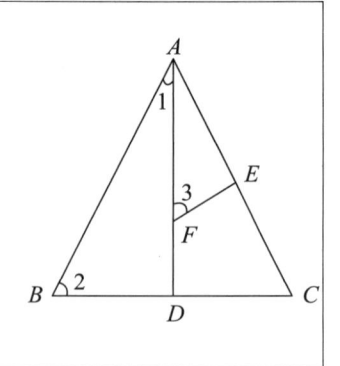

【指导过程:从等腰三角形的"边""角"和"对称性"的视角探索等边三角形的"边""角"和"对称性",条理清晰,在对比中深化。这一"同化"过程较为合理地建立起了知识结构体系。】

师:如何判定一个三角形是等边三角形？小组带着以下两个问题思考。

思考 1:一个三角形满足什么条件是等边三角形？

思考 2:一个等腰三角形满足什么条件是等边三角形？

小组讨论,汇报。

生(汇报思考 1):三条边相等,或者三个角相等都是 60°,这个三角形就是等边三角形。

生 1(汇报思考 2):等腰三角形的腰和底边相等,就是等边三角形。

生 2(汇报思考 2):等腰三角形只要有一个角是 60°,就是等边三角形。

师:三条边相等的三角形是等边三角形,这是等边三角形的定义。三个角相等的三角形是等边三角形,怎么进行验证？

小组进行讨论,汇报如下证明过程:

判定 2:三个角相等的三角形是等边三角形

已知:在△ABC 中,∠A=∠B=∠C

求证:△ABC 是等边三角形

证明:∵∠A=∠B,∠B=∠C

　　　∴BC=AC,AC=AB

　　　∴AB=BC=AC

　　　∴△ABC 是等边三角形

师:一个等腰三角形有一个角是 60°,它也是等边三角形吗？我们一起来验证一下对不对。

生:如果底角是 60°,那么另一个底角也是 60°,顶角也是 60°,所以是等边三角形;如果顶角是60°,那么底角的度数为(180－60)÷2,也等于60°,所以是等边三角形。

师:所以我们得到等边三角形的第3个判定,(出示)有一个角是60°的等腰三角形,它是等边三角形。

教师和学生一起总结等边三角形的三种判定方法:1.三条边都相等的三角形是等边三角形(∵$AB=BC=AC$,∴△ABC是等边三角形);2.三个角都相等的三角形是等边三角形(∵$\angle A=\angle B=\angle C$,∴△$ABC$是等边三角形);3.有一个角是60°的等腰三角形是等边三角形(∵$\angle A=60°$,$AB=BC$,∴△ABC是等边三角形)。

出示一组判断题,加以巩固:

1. 有两个角是60°的三角形是等边三角形。（　　）
2. 等边三角形的三个内角都是60°。（　　）
3. 等边三角形也是等腰三角形。（　　）
4. 有一个角是60°的三角形是等边三角形。（　　）
5. 等边三角形有一条对称轴。（　　）

出示例4:

如图,△ABC是等边三角形,DE//BC,分别交AB,AC于点D,E。求证:△ADE是等边三角形。

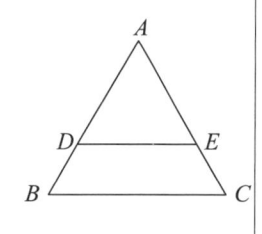

小组讨论,尝试完成。小组成员代表汇报。

教师根据学生的汇报,板书证明过程:

证明:∵△ABC是等边三角形

∴$\angle A=\angle B=\angle C=60°$

又∵DE//BC

∴$\angle ADE=\angle B$,$\angle AED=\angle C$

∴$\angle A=\angle ADE=\angle AED=60°$

∴△ADE是等边三角形

【指导过程:对于等边三角形的判定,还是要回到等腰三角形的判定上去。但是等腰三角形的判定有2条,等边三角形的判定却有3条。教师要着重帮助学生找到其原因:有一个角是60°的等腰三角形即为等边三角形,这个角不论是顶角,还是底角。为接下

来帮助学生完整地建立结构系统做准备。】

4. 在对比的过程中完善知识结构系统

师：我们从定义、性质、判定来对比一下，等腰三角形和等边三角形有什么区别。小组讨论完成下面的表格。

	定义	性质	判定
等腰三角形			
等边三角形			

师生共同完成表格，整理如下：

	定义	性质	判定
等腰三角形	有两条边相等	1. 有两条边相等 2. 有两个底角相等 3. 三线合一、对称轴一条	1. 定义 2. 等角对等边
等边三角形	有三条边相等	1. 有三条边相等 2. 有三个底角相等 3. 三线合一、对称轴三条	1. 定义 2. 三个角都相等 3. 有一个角是60°的等腰三角形

【指导过程：表格的整理过程即为知识结构系统的建立过程，学生通过表格的填写，不仅完成了本节课的学习任务，更重要的是头脑里面建立一个牢牢的结构，而这一结构建立的前提是打通等腰三角形和等边三角形之间的通道。只有通道打通，学生知识结构自然得以内化。】

第四辑

我和『薛老师工作室』

2019年2月23日,农历正月十九,我结束了寒假的生活,再次踏上了前往援疆支教的路。

刚到学校,邓益英副校长找到了我,跟我说:"这个学期,我们校务会通过讨论、研究,最终决定请你组建一个名师工作室,培养我们学校青年教师。"

关于成立工作室,邓校长曾在上个学期就跟我提及过,没想到她竟然一直把这件事放在心上,而且在新的学期就筹备起来了。

邓校长接着说:"你在我们学校就是名师,就是专家,让你只带一个班学生的课太可惜了,所以我一直有这样的一个想法:要是我们学校能有一批老师跟着你学习,他们能够成长起来,那该多好啊!"

是的,邓校长不愧为分管小学的副校长。她有着长远的教育眼光和浓郁的教育情怀。一所学校的发展离不开教师,教师的专业成长离不开教学理念的与时俱进。邓校长看得很准,分析得很到位。

站在学校发展的角度看,作为一名援疆支教的老师,在这里一年半的时间里,带领一批教师的成长和进步要比担任一个班的教学更有价值。教一个班的课最终受益的只是这一个班的学生,但是培养一批老师的意义和价值应该不仅仅是这样。等我离开之后,他们将在坚守的这片教育的土地里培养一批又一批的孩子,并影响和带动一个又一个老师。

于是,我回答道:"我不是名师,更谈不上建什么名师工作室了。感谢学校对我的信任,既然学校决定,我会努力工作,竭尽我所能,争取不辜负学校的期望。"

我将我的工作室起名为"薛老师工作室",邓副校长同意了。

春山处处行应好,一月看花到几峰

经过一个星期的思考、设计、筹划,"薛老师工作室"于2月28日正式启动。在启动仪式上,邓校长首先对工作室的成立表示热烈祝贺,对工作室今后活动的开展提出殷切期望。她勉励工作室的每一位成员要认真学习专业理论知识和教育教学实践,让自己快速成长起来的同时,也能影响和带动身边的每一位教师。

在启动仪式上,我给工作室成员提出了"四个1"的学习任务,即每天阅读教育名著1小时,并撰写阅读心得体会;每周观看1次名师教学视频或讲座,相互交流学习心得;每月进行1次教学研讨展示活动,加快工作室成员成长步伐的同时影响和辐射全团老师;每学期面向全师进行1次教研活动,开拓视野,在相互交流学习中共同提高。

这一天虽然是2月的最后一天,但仍在新年的正月里。我不由得想起唐代诗人张籍的一句诗"春山处处行应好，一月看花到几峰"。

在接下来的几天时间里，我出台了工作室章程、制订工作室计划、注册工作室微信公众号、设计听课及交流安排表（坚持每天上午听课，下午将自己的听课感受与老师们进行沟通交流，真正将指导工作做到实处）、设计教学研讨安排表、每天的读书任务安排表以及成员听课记录表等，使得工作室的各项工作得以平稳有序地开展。

"薛老师工作室"章程

第一章 总 则

第一条 以习近平新时代中国特色社会主义思想为指导，紧紧围绕中央确定的新疆工作总目标，全面实施《兵团中小学中长期教育改革和发展规划纲要（2010—2020年）》，以全面提高123团中学教师队伍素质为目标，以培养教学骨干为重点，以立足教师岗位培养和自我发展为主要途径，构建优秀教师脱颖而出、快速成长平台，为提高123团中学教育质量提供人才支持。

第二条 新疆生产建设兵团第七师第123团中学"薛老师工作室"（以下简称"工作室"）是在新疆生产建设兵团第123团中学指导下组建的，承担123团中学小学部骨干教师的培养活动，接受新疆生产建设兵团第123团中学日常管理、指导和考核。

第二章 组 织

第三条 工作室由淮安援疆教师薛仕扣担任工作室主持人；工作室设有11名成员，分别为王军胜、孟娇娇、王慧、郭曼君、孔瑞洁、焦晶萍、廖莉萍、张艳丽、宁昊慧、孙慧芳、孙静（南疆支教）。

第四条 工作室主持人由新疆生产建设兵团第七师第123团中学任命，工作室成员由新疆生产建设兵团第123团中学推荐，本人申请，双向选择。工作室主持人、成员任期均为1年。

第三章 工作室权利

第五条 工作室所有人员均有参加本工作室研究、学习、活动及对本工作室提出建议、批评和进行监督的权利。

第四章 工作室义务

第六条 工作室主持人的义务

一、负责建立工作室队伍，制定工作室方案，指导和带动工作室成员快速成长。

二、接受学校检查、指导、评估，每学年结束时，向学校提交工作室总结报告，对工作室成员进行管理和考核。

三、发挥示范作用，组织工作室成员开展研讨活动，每学期至少1次面向全师的示范教学或专题讲座活动,每月至少组织1次面向校级及以上教学研讨展示活动。

四、工作日内每天至少听工作室成员1节课,并及时进行有针对性的指导,加快工作室成员成长。

第七条 工作室成员的义务

一、积极主动参与工作室的工作,完成工作室的学习、研究任务,努力使自己快速成长,尽快成为学校的教育教学骨干人才。

二、努力践行"四个1工程",即每天阅读1小时,并撰写阅读心得;每周1次集中学习,交流学习体会;每月开展1次教学展示活动;每学期开展1次对外交流活动。

第五章 管理和考核

第八条 工作室主持人全面负责工作室的具体管理工作,如制订工作室工作计划、安排相关活动、对工作室其他成员进行考核和评价等。

第九条 按照师教育局的相关规定,工作室每学年评选优秀学员并上报师教育局和学校予以表彰奖励。

第十条 工作室成员学期考核不合格者予以调离,工作室每学年可按有关程序吸收符合条件、有发展潜力的新成员进入工作室。

第六章 经费

第十一条 工作室活动经费由学校拨付。主要用于购买书籍、交流展示等方面,具体根据学校相关情况而定。

二〇一九年二月二十八日

"薛老师工作室"工作计划

一、指导思想

以习近平新时代中国特色社会主义思想为指导,紧紧围绕中央确定的新疆工作总目标,全面实施《兵团中小学中长期教育改革和发展规划纲要(2010—2020年)》,转变传统教与学的方式,为教师的职业幸福、学生的健康成长奠基。

二、工作目标

影响和带动123团中学教师队伍素质的提高,以培养教学骨干为重点,以立足教师岗位培养和自我发展为主要途径,构建优秀教师脱颖而出、快速成长平台,为提高123团中学教育质量提供人才支持。

三、工作重点

1. 加强教育理论学习与反思,提升教师专业素养;
2. 观看名师教学或讲座视频,提高教育教学水平;

3. 积极开展课堂教学研讨、展示活动，加快教师成长步伐。

四、工作内容

1. 工作室主持人每天深入课堂教学指导，并至少利用一节课的时间进行交流反馈；

2. 工作室成员每天阅读教育名著，撰写阅读心得体会；

3. 工作室成员每周观看名师教学视频或讲座，相互交流学习心得；

4. 工作室每月进行一次教学研讨展示活动，加快工作室成员成长步伐的同时影响和辐射全团老师；

5. 工作室每学期面向全师进行一次教研活动，开拓视野，在相互交流学习中共同提高；

6. 建立"薛老师工作室群"和"薛老师工作室微信公众号"，及时发布工作室活动具体情况。

工作室公众号二维码

"薛老师工作室"教学研讨展示活动安排表

时间	学科	执教人	课题
3.27	语文	孔瑞洁	《动物儿歌》（一下）
	语文	宁昊慧	《自己的花是让别人看的》（五下）
	数学	张艳丽	《体积和体积单位》（五下）
	数学	廖莉萍	《比例的意义》（六下）
4.24	语文	王 慧	《树和喜鹊》（一下）
	语文	孔瑞洁	《操场上》（一下）
	数学	张艳丽	《分数的产生和意义》（五下）
	数学	孙慧芳	《约分》（五下）

续表

时间	学科	执教人	课题
5.29	语文	郭曼君	《动物王国开大会》(一下)
	语文	焦晶萍	《卖火柴的小女孩》(六下)
	数学	孟娇娇	《小括号》(一下)
	数学	王军胜	《万以内数的认识》(二下)
6.26	语文	王 慧	《要下雨了》(一下)
	语文	郭曼君	《小壁虎借尾巴》(一下)
	数学	孟娇娇	《找规律》(一下)

备注：1.每位老师共申报2节展示课，其中一节可以与自己的校内汇报课合二为一，另外再准备一节课；2.本学期的4次教学展示活动，其中有一次(初步定5月29日)将在七师内其他团场学校展示，其余均在本校展示。校内展示课将邀请校内所有语数老师参加活动，请各位老师提前思考，用心备课，反复磨课。

"薛老师工作室"3月份听课及交流安排表

上课人	听课时间	班级	交流时间
王军胜	3月1日第一节	二(1)班	下午第一节
王 慧	3月4日第一节	一(4)班	下午第一节
孟娇娇	3月5日第一节	一(2)班	下午第一节
孔瑞洁	3月6日第一节	一(3)班	下午第一节
孙慧芳	3月7日第一节	五(3)班	下午第一节
郭曼君	3月8日第二节	一(1)班	下午第一节
张艳丽	3月11日第一节	五(2)班	下午第一节
宁昊慧	3月12日第二节	五(1)班	下午第一节
廖莉萍	3月13日第一节	六(2)班	下午第一节
焦晶萍	3月14日第一节	六(2)班	下午第一节
王军胜	3月15日第三节	二(2)班	下午第一节
王 慧	3月18日第一节	一(4)班	下午第一节
孟娇娇	3月19日第二节	一(1)班	下午第一节
孔瑞洁	3月20日第一节	一(3)班	下午第一节
孙慧芳	3月21日第二节	五(4)班	下午第一节
郭曼君	3月22日第二节	一(1)班	下午第一节

续表

上课人	听课		交流
	时间	班级	时间
张艳丽	3月25日第二节	五(1)班	下午第一节
宁昊慧	3月26日第二节	五(1)班	下午第一节
廖莉萍	3月27日第二节	六(1)班	下午第一节
焦晶萍	3月28日第二节	六(1)班	下午第一节
王军胜	3月29日第一节	二(1)班	下午第一节
王 慧	3月31日第一节	一(4)班	下午第一节

备注：我去听课时，希望大家跟平时的上课一样，不要刻意准备，平时怎么上就怎么上，千万不要有任何思想上的负担！

每天读书任务安排表

周次	读书内容		周次	读书内容	
1	《陶行知谈教育》	1—5章	11	《给教师的一百条建议》（苏霍姆林斯基）	31—40条
2		6—10章	12		41—50条
3		11—15章	13		51—60条
4		16—20章	14		61—70条
5		21—25章	15		71—80条
6		26—30章	16		81—90条
7		31—33章	17		91—100条
8	《给教师的一百条建议》（苏霍姆林斯基）	1—10条	18	《礼记·学记》	1—5段
9		11—20条	19		6—10段
10		21—30条	20		11—15段

备注：每天的读书内容将在当天的微信公众号上发布，请大家及时关注并认真阅读，在公众号的下方"留言"栏目里进行留言。

"薛老师工作室"成员听课记录

执教人		科目		校级		时间	
课　题							
教学过程							
板书设计	主板书				副板书		
听后思考							

走进新老师的课堂，做好帮扶工作

王慧老师是工作第一年的特岗老师，像王慧老师一样，工作第一年的特岗教师还有孔瑞洁、郭曼君等老师。她们都是我工作室的成员，因她们都是工作第一年，且主动加入了我的工作室，所以多去给予指导帮助是我的职责所在。

2019年3月4日，我走进了王慧老师的课堂，王老师执教的是一年级的一节语文课，课题叫《猜字谜》，我去听了。听着听着，我的脑海里浮现出一首诗，诗的题目叫《牵着蜗牛去散步》，诗中有这样的一句话：孩子的眼光是率真的，孩子的视角是独特的。

由此想到我们的教学，在课堂教学中，我们的孩子何尝不是这样呢？可是问题的关键是，我们的老师如何才能把学生看成是那一只只的"小蜗牛"？

在交流中，我对王老师的导入部分给予了肯定。王老师首先设计了两个字谜让学生去猜，以此激发学生兴趣的同时自然导入新课。但同时，我指出王老师在处理第二个字谜的谜面时欠妥。

师出示：一人站在大树旁（边上配一幅图片）

学生纷纷举手：

生1：树。生2：林。生3：大。生4：从。生5：双……

学生在不停地举手竞猜，老师不停地否定。无奈中，老师引导说：一个人，人是什么旁？（人字旁）大树也就是什么？（木）人字旁和木合起来是什么？（是"休"）

我说："孩子的眼光是率真的，孩子的视角是独特的。在猜的过程中，王老师不妨让学生说说自己是怎么想的,就一定能走进孩子那独特的内心世界,孩子们每一个答案都不是毫无根据的,教师在肯定合理部分的同时,再去让他想想不合理的地方。"

我告诉王老师,其实这样的过程就是一种平等对话的过程。学生学习知识的过程应该是一个主动获取的过程,而不是仅靠教师的给予。这一主动获取过程的途径必须建立在师生对话过程之中。"力不能问,可以语之;语之而不知,虽舍之可也。"这是教师应有的一种姿态。

最后,我还是引用《牵着蜗牛去散步》这首诗的最后一句和王老师共勉:"把自己主观的想法放在一边,陪着孩子静静体味生活的滋味,倾听孩子内心声音在俗世的回响,给自己留一点时间,从没完没了的生活里探头,这其中成就的,何止是孩子!"当然,成就的,还有我们老师!

3月6日,我走进孔瑞洁老师的课堂,听了她的《猜字谜》一课后,我认为她对课堂教学的理解是工作三年甚至是五年的老师也未能达到的,可以说,孔老师是一个非常有灵性的语文老师!孔老师的课整体感觉课堂非常轻松、活泼。孩子愿与老师互动,我想这源自孔老师的身上有着一种学生所喜欢的独特的魅力!

听完课后我给了孔老师一些建议。当然,这正如在交流中我所说的:"我给你的建议对于一个刚走上工作岗位的新老师来说,有点高了。但是,如果你能接受我的建议,那么你一定会走在同类教师的前面!也一定会缩短你的成长周期!"

学生从个体角度看,是一个独特的个体,有着自己独有的想法!正如鲁迅先生在《且介亭杂文·看图识字》中所描述的那样:"孩子是可以敬服的,他常常想到星月以上的境界,想到地面下的情形,想到花卉的用处,想到昆虫的言语;他想飞向天空,他想潜入蚁穴……"当然,从群体角度看,学生组成一个班集体,在这个班集体中,他们有着同龄孩子身上所具有的共性的年龄特征。学生个体,我把这说成是"这一个";学生群体,我说成是"每一个",这只是我的说法而已!

我们的语文教学,甚至是所有学科的教学,"这一个"和"每一个"究竟孰轻孰重?不同的老师,会有着自己的看法和理解。有的老师认为,"这一个"重要,我们的教学目标如果不关注"这一个"的学习,那么就是一个不称职的老师,即"反正我把我该讲的全部讲了,至于你会不会,那是你的事!"还有的老师认为,"每一个"重要,我们的课堂应该关注学生群体的学习,如果整节课都是在关注"这一个",万一教学任务完成不了怎么办?

苏联有一位教育家,叫马卡连柯,他对于我说的"这一个"和"每一个"提出过一个经典的理论原则,即"平行影响"原则。马卡连柯所说的"平行影响"其实包括两个方面:一是在教育学生集体的过程中,个体自然得到了教育;二是通过教育学生个体来影响集体。马卡连柯的"平行影响"原则虽然是针对教育,但对于教学,我觉得同样适用。

孔老师的《猜谜语》一课，非常关注"每一个"的教学，孩子们在教师创设的到位的情境中浸染着。但对于"这一个"却略显单薄。一节课听下来，只有两处有着"这一个"的痕迹：一是在教学言字旁、竖心旁、日字旁和三点水这四个偏旁分别加上"青"字念什么；二是拼音和汉字的连线。

对于关注"这一个"的教学，现举一例加以说明：

课件出示：猜字谜（一）

左边绿，右边红，左右相遇起凉风，绿的喜欢及时雨，红的最怕水来攻。（每个字都有拼音）

师：小朋友们看一下，有没有不认识的字？

生（齐）：没有！

师：那我们一起读一下！

生齐读。

师：如果老师把拼音去掉，小朋友们还会读吗？（老师点击课件，拼音消失）

生（齐）：会读！

老师去掉拼音后，学生再次将课文读一遍。

对于学生齐说的"没有""会读"是不是班级所有学生真的认识所有字，并且全部会读？我们不得而知！至少通过这样的方式是检测不出来的。我们可以在学生齐读之前或者之后，让学生个体读一读，"某某小朋友，你来给大家读一读啊！""读得真不错，老师送你一个大拇指……"与此同时，教师还要善于观察其他学生听的状态和基础薄弱学生的状态，并适时再让"这一个"学生去读。

当然，"这一个"和"每一个"在课堂教学中，我们不能厚此薄彼，一个优秀的老师一定会将此处理得相得益彰。当然，"这一个"绝不是"每一个"的"佐料"；"每一个"也不是"这一个"的"助演"。期望孔老师能接受我的建议！

3月8日，我走进郭曼君老师的课堂，郭老师执教的是《我多想去看看》一课，整体感觉是她在教学过程中创设了那么多的教学形式，比如"开火车"、当小老师等。当然，"开火车"、当小老师的形式在课改之风的吹拂中显示出了强有力的生命力，深深地根植于广大小学老师的心中。这当然不是郭老师的错！

当下小学课堂，追求形式之风不仅存在，而且愈演愈浓，形式所带来的好处是"热闹"。其实，"热闹"绝非坏事，但是除了热闹没有别的，或者是为了热闹而热闹，这样的课堂就会存在问题了！

我告诉郭老师："江苏有一位语文特级教师叫孙双金，他把好的课堂总结为四'小'，即小脸通红、小眼发光、小手直举、小嘴常开。四'小'课堂一定是热闹的课堂，但这种以学生为主体的课堂是学生自发的表情、动作和言语行为,绝非形式上的'热闹'"。因此,不单单是热闹,对于课堂上的一切,凡是有助于学生个体和群体的学习,能让学生的学习真正发生的热闹才是真热闹!

这节课共有9个生字:

想、路、告、诉、观、安、非、常、壮

以下是郭老师教学这9个生字的教学流程:

师:(出示这9个生字)全部认识的举手?

生举手。

师:还有哪些小朋友有不认识的?

(可能是没有学生举手,也可能是有学生举手但教师没有发现,教师直接进入下一环节)

师:(指着第一个生字"想")谁来当小老师,领着大家读?

9个生字分别请了9个小老师领着学生读完,在此过程中,又让学生进行组词。

师:下面我们来开火车读。(师生激烈对话,原话没有及时记下来)

在开火车的过程中,第3个字"告"和第5个字"观"卡住了,但最终火车还是顺利开完!纵观这节课,我给了郭老师三点建议:

对当小老师的思考:在本节课的教学中,当老师问谁来当小老师?手举得高高的孩子一定是会读这个字,这是孩子的天性。当然,没有举手的也不是不会读,但没举手的孩子中应该有不会读的。所以,教师让小老师领着大家读的目的应该有两个:一是调节气氛,给小老师展示的舞台;二是教会不会读的学生怎么读这个字。

这两个目的在小老师的领读下是否真的达成?对于目的一应该能达成,但目的二我们要重新思考。以第一字"想"为例,小老师读——"想",对于不会读的学生,只要他发音器官没有问题,他一定能跟着读——"想",这样把9个生字读完,他就真的会读了吗?可能会,也可能不会!到底会不会?在接下来的"开火车"环节中,找到了答案!

对"开火车"的思考:在"开火车"的过程中,有两名学生不会读。课后,我问郭老师:"学生在课堂上不会读时,你是怎么解决这个问题的呢?"郭老师说她利用课后时间再去教他。我继续问道:"你思考一下,当'开火车'时发现了不会读的学生,是不是只有这个学生不会读?会不会还有别的学生跟他一样,也不会读呢?"郭老师回答是肯定的。面对这样的问题,究竟如何解决?这确实需要好好地去思考……

我接着说,在"开火车"的前后,我仔细观察了学生的表现。

"开火车"前的表现:当老师问哪一小组来"开火车",学生的表现异常兴奋,纷纷举手!当老师一旦确定小组,没有选上的是一片抱怨和泄气。

"开火车"过程中,学生的表现:a.被选中学生的表现:迅速找准自己和所要读的字的位置,等待表现,至于其他学生读的是哪个字,怎么读的,无暇顾及;b.没被选中学生的表现:平时习惯好的学生勉强听读,很多学生你读你的,我玩我的。

对"棒,棒,你真棒,下次我要比你棒!"的思考:课堂上,当学生回答得很好时,郭老师只要说:"表扬他!"全班同学都会拍着小手,齐说"棒,棒,你真棒,下次我要比你棒!"这种口号式的语言一旦成为"口号",也就变得使人麻木,失去了其真正的目的。

在交流中,我问郭老师,"棒,棒,你真棒,下次我要比你棒!"和"棒,棒,你真棒,下次我要和你一样棒!"哪句更好一些呢?郭老师思考后回答:"还是第二句好一些!"既然是表扬,第二句是彻头彻尾地在表扬。"棒,棒,你真棒"是夸耀他,"下次我要和你一样棒"是羡慕他! 被表扬的孩子听到这样的话语一定会幸福的! 而第一句却不是。"下次我要比你棒"不是羡慕,而是嫉妒。因此,要慎重,话不能随便说啊!

有人说,教学是一门艺术,我是非常认同的! 但这门艺术不是一种对华丽形式的追求,而是对本质内容的研究。老子的《道德经》里有这样的一句话:"有术无道,止于术;有道无术,术尚可求。"这句话告诉我们对于本质的追求是无止境的。君子曰:"大德不官,大道不器,大信不约,大时不齐。"作为教师,我们需要的是认真备课(不是写教案,甚至抄教案),认真钻研教材,认真学习儿童心理;我们需要多读书,多向学生学习,多向同行学习。只有在学习和研究中,才能获得教师职业的幸福。

磨砺刻厉,久而后有得

2019年3月1日,我走进了课堂,和以往走进课堂不一样。以往我是站在讲台前给孩子们上课,这次我是坐在后面听老师上课。从这一天起,听课成了我的一项重要工作。

工作室成立一年来,我听课的课时数超过了100节。每次听完课后,我都会用1至2节课的时间和老师们进行交流。听课、评课成了我的工作常态!

除了自己去听课,我还号召工作室成员一起去听课,在每个月一次公开教学研讨活动之前的"磨课"环节,我让所有成员安排好自己的事务后,一起来出谋划策。当然,我还邀请全校老师来听课,我们工作室每一次的活动均向全校老师开放,老师们可以全程参与到我们的活动之中。

来自宣传媒体的多次报道

2019年3月5日,我们工作室首次出现在《奎屯日报》的头版,《奎屯日报》这样写道:

2月28日,淮安援疆教师、123团中学教研室薛仕扣主持的"薛老师工作室"在123团中学启动。

薛仕扣是淮安市实验小学的一名优秀教师,具有扎实的教育学识和丰富的教学实践经验。在七师123团中学任教以来,在教育教学、课题研究等方面做了大量卓有成效的工作,让淮安先进的教学理念、教学手段在学校迅速发展、壮大。

"薛老师工作室"旨在培训中青年骨干教师队伍,将通过课堂教学指导、教学课题研究、开展教学交流等方式,和工作室成员一起探讨新的教学理念和教学方法,讲解自己的教育教学心得,传播新的教育教学理念,促进教学教育观念、方法和手段的转变提升,着力打造一支教育教学骨干人才队伍。

目前,"薛老师工作室"已有教师12人。123团中学副校长邓益英说,"薛老师工作室"的启动,必将进一步提升学校的教育科研水平,起到名师示范、引领、辐射、带动作用。

3月27日,"薛老师工作室"在123团中学开展第一次教研展示活动。本次教研展示活动共有三个环节:首先,由工作室的孔瑞洁和廖莉萍两位老师带来两节展示课,孔老师虽然是工作第一年的老师,但是她勤奋好学,自参加工作室以来,进步很大。廖老师的课堂教学轻松、自然,学生学得专注、投入。接着,老师们进行说课、评课活动。老师们对这两节课给予了高度评价,认为两位老师都能以学生为主体,关注学生的学。最后,工作室主持人薛仕扣老师给老师们做了一场精彩的讲座。讲座首先从"课堂"一词出发,引领老师进入层层思考:我们的课堂什么最重要?我们在课堂上应该做什么?如何做一个受学生喜欢的老师?等等。老师们纷纷表示,通过此次活动的学习,收获很多!

活动结束后,123团中学邓益英副校长对本次活动给予了高度评价。她指出,"薛老师工作室"第一次教研展示活动的圆满举办得益于淮安名师薛仕扣老师对老师们专业细致的指导,得益于被辅导老师的精雕细琢和辛勤付出。

4月1日,《奎屯日报》的头版以《淮安援疆教师成立工作室,培训业务骨干》为题,写道:

3月27日,淮安援疆教师、123团中学教研室教师薛仕扣主持的"薛老师工作室",开展第一次教研展示活动。

目前,"薛老师工作室"已有教师12人,旨在通过名师示范、引领,采取课堂教学指导、教学课题研究、开展教学交流等方式,培训中青年骨干教师队伍。

4月12日下午,工作室开展第二次教研展示活动。本次活动首先由我执教了四年级《数学广角——

我为工作室成员做讲座

鸡兔同笼》。随后我又针对这节课的教学给老师们开展了一场题为"课堂：锤炼教师'教'的方式"的专题讲座，根据录音整理如下：

各位老师，大家下午好，我想利用这样的一个机会和大家聊一聊这样的一个话题——课堂：锤炼教师"教"的方式。不算是讲座，只是就这个话题，和各位老师聊一聊自己的一些想法，可能很多观点不一定对，仅作参考！

为什么选择这样的一个话题呢？我觉得，作为老师，最最重要的是什么？我以为是课堂！当一个老师突然有一天离开了课堂，他就将失去教师生命的意义和价值。教师生命的意义和价值很大程度上是在课堂上得以展示，这也是教师区别于其他职业的体现。工、农、商，360行，可以说每一行都不像教师这样，每天要走进课堂。

有人说，教师是人类最崇高的事业，其崇高的最根本的体现，我以为就是课堂。即使有人将教师和医生这两种职业进行比较，但教师和医生最大的区别还是课堂。正是因为教师有了课堂，教师的工作才不仅仅是职业，而是更重要的事业！

这个学期，学校让我不再带班，而是组建一个工作室。这是不是就让我离开课堂了呢？不是的，我一天也没有离开课堂，我每天都走进课堂，虽然自己不去上课，但我可以听课，可以和被听课的老师进行交流，把自己所听、所感、所思、所悟和上课老师进行沟通与分享。因为我是老师，所以我必须进课堂！

这是我和各位老师交流的第一个词：课堂！

课堂是由什么组成的？课堂是由人和物组成的，其中人有两种：教师和学生。在这两种人之间存在的就是物。课堂上，是人重要，还是物重要？当然是人重要！但在课堂上，有的老师的行为却把物看得比人重要！其中最明显的体现是在每节课必须完成自己的教学任务。

一节课因某种原因，眼看就要下课了，教学任务还没完成，很多老师就不顾学生的反应，加紧教学进度，草草上完。更有甚者，下课铃响了，为了完成教学内容，还要再拖一会儿堂！如果你认为是人比物重要，是不会做出这种事的！课堂没有预演，课堂没有剪辑，怎么可能每节课都是正正好好40分钟讲完呢？

课堂上，人比物重要，但课堂上的人有两种：教师和学生。那么教师和学生，谁更重要？我认为学生比教师更重要！我们教师在课堂上所做的一切都是为了学生，我们进行备课、进行教研，其目的都是如何让学生更好地去学！所以相比较而言，学生比老师更重要，当然，我不是说老师不重要，而是学生和老师相比较而言，学生更重要。

在现实生活里却并不是这样的，"学校"和"教室"这两个词，在老师们的心里和嘴里再熟悉不过了！学生每天早晨背着书包去上学！上学，上哪？上学校，学校是学生学习的地方！可是到了学校后，被老师看见了，老师说："赶紧回教室去！"教室，是教的地方。

我觉得教室应该是学生学的地方,把"教室"换成"学室"是不是更好一些?如果非得有"教室"一词,我觉得,教师的办公室应该叫"教室",因为教师办公室是教师待的地方。学生待的地方应该叫"学室"。如果把学生待的地方,把学生学习的地方称为"教室",我觉得是有问题的。

其实不管是我国古代,还是国外,都没有"教室"一说。在我国古代,学生们学习的地方是四种:塾、庠、序、学(家有塾,党有庠,术有序,国有学);在国外,学生学习的地方叫班级,捷克教育家夸美纽斯还专门给他起一个名字叫班级授课制。至于"教室"是谁起的?什么时候就这样被默认下来了?不得而知!不过,我还是喜欢"课堂"这一称呼。

既然课堂上,人比物重要,学生又比老师更重要,所以,在课堂上,我们必须要去关注学生"学"的方式!那在课堂上,我们教师要干哪些事呢?

我以为,不同学科的老师在课堂上所干的事是不一样的。语文老师会说,我们语文老师在语文课堂上把语文这一门学科教好;数学老师会说,我们数学老师在数学课堂上把数学这一门学科教好;英语、音乐、体育、美术等学科的老师都会说出同样的话!试想,如果老师们都这样说,那么学校和培训机构还有什么区别?如果是这样,学校就是一个大型的培训机构!学校的功能显然不仅仅是这些!老师的作用不单单是教好这一门学科,更重要的是育人!还有老师会说,育人是班主任的事,班主任可以在班会课和队会课育人!但我觉得这远远不够!我们的学科教学,我们的语文课、数学课,除了要完成教学的任务外,还得要育人!

传统教育学的奠基人,现代教育学之父赫尔巴特曾提到过一个教学原则:教育性教学的原则。赫尔巴特这个人很了不起,他既是传统教育学的奠基人,同时又是现代教育学之父,身兼"传统"和"现代"两职!说他是传统教育学的奠基人,没有问题,因为在杜威之前,整个西方教育界都视他为圣人。可是为什么说他是现代教育学之父呢?因为他所撰写的《教育学》一书对后世教育教学的影响,至今无人能及。这里的"现代"是指对现代的影响!我们现代课堂教学五环节模式——组织教学、复习旧知、教学新知、巩固新知、实践运用,就是赫尔巴特提出来的。试问五环节教学模式现在被多少老师打破了吗?谁敢说自己的教学模式不是这样?"我采用的是讨论式教学、我采用的是小组合作",等等,众说纷纭,其实不管你所说的是哪一种方式,都脱离不了赫尔巴特的五环节模式。

赫尔巴特认为,在课堂教学过程中道德品德的培养是最高目的,但在实现这一目的的同时,却不能放松文化科学知识的学习。我们的课堂教学兼具双重任务。然而,我们很多老师已经忘记了课堂教学中对学生道德品德的培养!马云不止一次在公开场合讲:"中国的'教'还可以,但'育'不够!"要对学生进行道德品德的培养,那老师的品德在哪里?老师们有没有看到这样一个有趣的现象:两个老师,即使是搭班的语数老师,对同一个班级学生进行同样的教育,可是学生对其中的一个老师言听计从,对另一个老师的教导却置若罔闻。为什么会这样呢?

《学记》里有这样一句话:"凡学之道,严师为难。师严然后道尊,道尊然后民知敬学。"说的是什么意思呢?就是说学习的门道啊,最重要的是对老师的尊重,对老师尊重了,然后才能对知识尊重,对知识尊重才能热爱学习。

为什么同样的教育内容,学生会对不同的老师有不同的反应呢?原因就在于学生对老师是不是尊重啊!对老师尊重了,你说的话,学生自然会听。有的老师工作很辛苦、很认真、很负责,上课嗓门很大。这个学期因为我不带课,所以待在二楼工作室的时间就多了。经常听到有这样嗓门大的老师,感觉不单单是二楼的班级,有时甚至听到一楼或三楼的班级老师上课的声音。从开始上课一直喊到下课,声嘶力竭,不给学生喘息的机会;还有的老师下课铃响了,仍舍不得离开课堂;作业多布置点,给学生多练习一些;把其他所谓不重要的课拿过来讲题;学生喜欢的体育课非得留几个学生下来补一补;放学了,不让学生回去,老师给你单独补一补,等等。

试想,这样的老师,学生会尊重你吗?当你声嘶力竭一节课下来,体会到学生的感受了吗?总在一个频率的声音,对学生而言就是噪声,一节课总是老师在不停地讲,学生有思考的时间和空间吗?当你经常下课铃响后还继续上课,继续燃烧自己,可是此时学生头脑里想的是什么,你知道吗?他会想"老师到底什么时候下课啊"至于你讲的是什么,估计压根没在意。当一个经常下课铃响时还继续上课的老师走进教室准备上课的时候,学生已经反感,甚至恐惧,怎么这个老师又来上课啦!

为什么有的老师很辛苦,但学生却不喜欢他?为什么有的老师,每天轻轻松松,学生却很喜欢?这种现象,我们必须得认真地思考,其根源在哪儿?可能有的老师会说,想让学生喜欢,很简单啊,我对他放松要求,不管不问,学生肯定会喜欢我的!老师们,如果你这样想就错了!说白了,你这种做法就是庸师、不负责任的老师,会害了学生的一生。家长也会对你有所评价:这个老师太差了,天天不问我家小孩!当学生长大成人,也会对你这样评价:我小学几年级的某老师,要不是他,我现在就不是这样那样了,而应该怎样怎样了!这样的老师不会受人尊重。

那我们究竟怎么做,才能成为一个轻松、负责且受学生尊重的老师呢?其实方法很简单,就是尊重学生!可是,要尊重学生的什么呢?

一是要尊重学生的年龄特征。刚才的两节课,孔老师说话的语气、语调,以及声音,一年级的小朋友很喜欢听!如果孔老师用这样的说话方式来教六年级,估计六年级学生就会浑身不舒服!同样第二节课廖老师用教六年级说话的语气来教一年级,一年级小朋友就会说这个老师上课不好,他说话我不喜欢听。这叫尊重学生的年龄特征。

二是要尊重学生的认知规律。不同年龄段的孩子,他们的认知规律是不一样的。小学低年级学生的认知必须借助于具体的实物进行思维。高年级学生的认知则是从形象思维向抽象思维过渡。比如孔老师的这节课,学习六种动物生字,孔老师分别在课件上给学生展示六种动物的照片,而不是单单的六个词语,这样学生就学得很有趣。

三是要尊重学生的差异。即使是同一年龄段的孩子,他们的发展也不是完全相同的,他们在年龄特征或认知规律上可能会超前或滞后于同龄的孩子,他们的禀赋、品性、价值观等也不会完全相同,这是自然的规律。

老师们有没有听过或见过这样的一个案例,说有一个家庭有三个孩子,结果这三个孩子全都考上了某某名牌大学,家长很骄傲!认为自己的教育很成功,扬扬自得,甚至还到处讲学,周围人视他所讲为圣典,回去教育自己家的小孩。可是你发现了没有,好像他讲的那一套在你家孩子身上怎么行不通呢?你想过了没有,为什么行不通呢?其根本原因就是人与人之间是有差异的,你家的孩子能和他家的孩子一样吗?再说,他的教育是成功的吗?我却认为,是失败的!他家的三个孩子不可能是完全相同的,结果在他的教育下,全部变成了一样的,这就和工厂生产出来的机器一样,最终都一样。教育不是生产机器,教育应该是尊重人性,让人在自己的性格、禀赋的基础上健康发展。如果你有这样的机会能见到那三个考上某某名牌大学的孩子,你很可能会发现,他们其中肯定有不幸福的人,他们有可能甚至会说他原本不想这样,都是家长逼他这样做的。

再回到我们的课堂教学,我们有的老师看到那些所谓的差生就愁得慌,怎么回事,教了一百遍就是不会,很是着急,总想班级所有学生都考一百分!可以,我告诉你,如果哪一天全班学生都考一百分,你的教育就失败了!如果全班都考一百分,你就不是一个教师,你的学生也不是学生。你就是一名工厂里面的工人,你的学生就是被你生产出来的产品。

在课堂上,当我们一旦尊重学生的年龄特征,尊重学生的认知规律,尊重学生的差异,我们就会自然关注到学生的"学"的方式。

因此,教师工作对象不是机器,而是人;教师工作对象又不单单是人,这个人又必须是课堂上的人,因此,老师与其他职业有着本质的区别,也正因如此,教师有着职业和事业的双重身份。也正因如此,教师的职业是崇高的,教师的事业是伟大的!作为教师,我们在课堂上干什么?干得好,才会得到学生的尊重与爱戴。怎样才能干得好?源自教师对学生"学"的方式的关注。

怎样才能算是真正关注了学生"学"的方式?《礼记·学记》里写得非常清楚。《礼记·学记》是我国第一本教育学专著,也是世界上第一本教育学专著,全文共19段,1229个字,是一篇非常难得的教育经典文章,我没事经常读,有的段落甚至都能背下来。我们工作室坚持每日一读,本学期打算先把《陶行知谈教育》读完,再读苏霍姆林斯基的《给教师的一百条建议》,如果时间允许,我打算安排工作室成员读这一篇教育经典名作——《礼记·学记》。

《礼记·学记》里说:"道而弗牵,强而弗抑,开而弗达。道而弗牵则和,强而弗抑则易,开而弗达则思。和易以思,可谓善喻也。"

道而弗牵,就是指引导学生,不牵着学生走。比如:孔老师在教完了六种动物的词后,教学形声字之前,让学生扮演孙悟空,学生很感兴趣,孙悟空有火眼金睛,学生一下子就发现这六个词都有一个"虫"字旁,都是左右结构的字,进而引导学生"虫"字旁的字跟虫子有关,三点水旁的字跟水有关。学生自然感受到什么叫形声字。这就叫道而弗牵。

强而弗抑,就是严格要求学生,但不让学生感到压抑。比如:廖老师在揭示比例的意义后,接着出示三道练习,让学生判断是不是比例?1∶2=2∶4=4∶8;3∶6≠6∶9,2∶10=4∶20,其中有两道不是比例。廖老师不是为了让学生判断而判断,而是先让学生自己去思考,为什么是或者不是比例?先说理由。然后接着再让学生把不是比例的改为比例。老师的要求是明确的,但学生在老师的要求下积极思考,并没有受到压抑。这就叫强而弗抑。

开而弗达,就是启发学生,不要把答案告诉给学生。比如:廖老师课的最后一道练习,有两个相似三角形,让学生找有多少种比例?廖老师没有直接把答案告诉学生,而是从生活情境入手,太阳照着大树和人形成的影子,让学生感知大树、人以及他们的影子之间的对应关系,进而再去寻找其中存在的八种比例,这就叫开而弗达。

道而弗牵则和,当我们引导学生不牵着学生走,师生关系就会融洽,这里的"和"是融洽的意思。强而弗抑则易,当我们严格要求学生,不让学生感到压抑,学生学起来就会感到轻松容易,这里的"易"是容易的意思。开而弗达则思,当我们注重启发学生,不直接把答案告诉学生,学生就会积极思考,这里的"思"是思考的意思。"和易以思",师生关系融洽、学生学得轻松容易,并积极思考了,这才是教师所要追求的课堂的境界。这才是我所想要表达的课堂,这才是我所理解的学生"学"的方式。

孙静老师听了我的讲座后,给我留下了下面的一段文字:

今天听了吴正宪老师的"分数的意义"一课,再来品读薛老师的讲座,我认识到课堂中学生才是主角,教师是配角。可是我们现在的课堂正好相反,教师更多关注的是这堂课的教学任务完成了没有,根本无暇顾及学生学习的方式。一节课下来老师累得不行,学生学习效果也不好,而后再补,时间久了就成了恶性循环,为什么呢?因为我们并没有把存在的问题暴露在课堂上。教师自认为讲得很清楚,但是学生在课堂中并没有积极思考,所以在习题中才会漏洞百出,也就是教学做是分离的。而吴老师的课堂正是很好地体现了教学做合一,课堂中引导学生去思考,不仅要说明白自己的理解,还要去分析别人的想法、思路,体现了学生跟老师学,生生互学,老师也跟着学生学。吴老师虽然可以当这些孩子的奶奶了,但她却非常尊重孩子,在课堂中并没有把自己当作长辈、先生,而是言传身教地教会孩子如何尊重别人。

前几日,看了薛老师的听课反馈,干货满满,兴奋地和薛老师交流,他告诉我,不读书哪来的干货?我在说这句话的时候就没有思考,是,干货哪里来的?不是与生俱来的,是日积月累而来的。

在近一个月的读书留言活动中,虽然有些文章似懂非懂,但我用心学习,不为别的,只为我的课堂有一天也能是道而弗牵,强而弗抑,开而弗达。道而弗牵则和,强而弗抑则易,开而弗达则思。和易以思。

4月19日,《奎屯日报》再次对我们的活动进行跟踪报道:

4月12日,淮安援疆教师薛仕扣在123团中学开展第二次教研展示活动。

教研展示活动中,薛仕扣不仅仅注重知识的教学,更关注学生思维的启迪和品格的培养。在随后的讲座环节汇总中,薛仕扣从"教什么?""怎么教?"两方面给教师们做了一场精彩的讲座。

11月29日,新疆生产建设兵团网站以《践行初心使命,情润第二故乡——淮安援疆前方工作组开展"不忘初心、牢记使命"主题教育纪实》为题,对我们工作室开展的活动进行报道。报道指出:

援疆教师薛仕扣在123团中学成立"薛老师工作室",通过课堂教学指导、教学课题研究、开展教学交流等方式,和该团中学教师一起探讨新的教学理念和教学方法,讲解自己的教学心得,传播新的教育教学理念,使该校教师教育观念、方法得到转变,着力打造一支教育教学骨干人才队伍。

我们的活动在兵团网站上报道

师级"希沃杯"教学大赛出成效

2019年5月27日至6月18日,为深入推进七师教育信息化,提升中小学教师信息技术与学科教学深度融合的能力和水平,提高教育教学质量,七师第二届"希沃杯"中小学教师课堂教学大赛决赛开始了,学校选派工作室宁昊慧和王军胜两位老师参赛。

王军胜老师选择的是二年级"小小设计师"一课,在三次的磨课过程中,我给予了王老师很多建议,王老师总能虚心接受。第一次试上后,我指出这是一节学生动手操作活动课,课堂应该是以学生动手操作为主,只有自己经历操作的过程,学生才会有自己的思考,才会表达出自己的句子。第二次试上后,王老师有了明显的进步,课堂有了学生的设计,有了学生的思考,但我指出学生的思考仅停留在表面,需要进行深度挖掘。比如:由旋转得到的图案是否一定可以由轴对称得到?反之,由轴对称得到的图案是否也一定可以由旋转得到?用到平移,是否就不可以用旋转、轴对称?这些问题学生通过操作设计后很有思考的价值。

同时,我让老师们思考,"小小设计师"这一节活动课理应在第二单元学生学完图形的运动之后,为什么却放在第六单元后。作为教师,我们需要去备教材。在第三次试上后,我给予了王老师很多细节的指导,比如:课前学生欣赏的图案3幅太少了,可以换成9幅;4幅图案中,后2幅可以一起说;拍照、投影、调整大小的环节浪费的时间多了,有没有更好的方法替换;演示的过程不仅借助于电脑,也可以制作一个实物教具;等等。

语文宁昊慧老师选择的是五年级《临死前的严监生》一课。我建议不仅要抓住严监生的动作和神态走进严监生的内心世界,同时更重要的是要通过两次"不可思议"让严监生这一人物形象在学生头脑里面丰富起来。

严监生是吝啬鬼的代名词,但他的慷慨大方的一面却往往被人忽略。如果课堂上只抓住第一个"不可思议",给学生塑造出一个吝啬鬼的形象,然后让学生抓住人物的动作和神态进行仿写练习,这势必将学生引入了对人物片面认识的误区。

宁老师接受了我的建议,舍弃了仿写练习,在强化严监生的"伸出两个指头"这一动作,以及"摇了摇""狠狠地摇""闭眼摇"走进严监生的吝啬的内心世界的同时,又将严监生的慷慨的一面呈现到学生面前,给学生留下一个全面、客观的"人"。

经过我们的努力,两位老师在大赛中脱颖而出,教学设计得到评委老师的高度认可,双双获得第二名的好成绩。一个学期来,工作室共开展了四次教研展示活动,团队成员老师在活动中得到了锻炼,迅速成长。功夫不负有心人,他们磨砺刻厉,久而后有得。

青年教师夺桂冠

2019年12月2日至6日,123团中学开展青年教师教学大比武活动。本次活动共有22名青年教师参加,分文科、理科两组进行比赛。工作室孔瑞洁、胡万涛2位老师分别获得本次教学大比武活动文科组和理科组第一名的好成绩。

孔瑞洁老师执教的是二年级语文《风娃娃》一课。孔老师以学过的《风》进行激趣导入,借用音频让学生感受两种不同水流的声音,借用视频让学生感受船工拉船的辛苦。通过"两段都是按照风娃娃来到哪里?""看到什么?""怎么做?""结果怎样?"等方式培养学生的听说能力。通过对风娃娃"吹跑衣服""折断小树"后的一个省略号让学生展开丰富的想象。孔老师和蔼、亲切、富有亲和力的教学艺术赢得了评委老师的高度认可！

胡万涛老师执教的是八年级数学上册"等边三角形"，他以小组讨论和合作探究的形式展开课堂教学。在教学过程中，从复习等腰三角形引入，用类比的方法探究等边三角形的性质。学生经历了"猜想——论证——应用"的过程。在课堂教学中，胡老师以学生为中心，和学生一起探究了等边三角形的定义、性质和判定，学生在主动参与的过程中进行深度学习，课堂氛围良好，得到了评委老师的一致好评！

为了加快青年教师的成长步伐，自本学期开学以来，工作室实施"菜单式""梯队型"双向选择培养方案。我们根据每个成员自身的发展需求，结合自主申报情况，选择适合自己的成长梯队，并对每个梯队成员提出"够得着"的要求。通过一年来的共同努力，一批批教师脱颖而出，成为学校教育教学的骨干。

再起航，我们的队伍在扩大

2019年9月2日下午，"薛老师工作室"在123团中学二楼会议室举行新学期第一次会议，123团中学邓益英副校长出席会议，对工作室成员提出新要求、新希望。作为工作室主持人，我首先总结上学期工作室活动开展情况，并对本学期的活动计划做了详细的介绍。为发展的需要，以及工作室成员更好更快地成长，本学年工作室在招收新成员的同时，又对工作室成员提出了更高的要求。随着会议的召开，工作室活动拉开帷幕。

招募新成员

为了帮扶123团周边团场学校的骨干教师成长，2019—2020学年度开学初，我就主动联系七师教育局教学研究室范宝忠主任，并把我的想法向范主任进行了汇报，得到了范主任的认可和支持，并以教学研究室的名义向123团周边团场学校下发通知。通知内容如下：

关于"薛老师工作室"成员招收的通知

125团中学、126团中学、127团中学、128团中学：

为加强七师车排子片区学校骨干教师队伍建设，以创建名师工作室为载体，通过名师专业引领和辐射带动，创设名师、骨干教师、青年教师团队合作和共同发展的良好环境，建立科学高效的优秀人才成长培养机制，促进教师队伍整体素质的提升。师教学研究室经过调研、分析，决定为车排子地区123团中学的"薛老师工作室"面向周边4个团场学校招收成员。

一、工作室负责人

薛仕扣：中共党员，本科学历，中学高级教师，淮安市实验小学教师。在教育教学中，积极倡导和践行"幸福教育"理念。课堂教学在国家"一师一优课、一课一名师"评比中获"部优"，参加省市级教学评比获一等奖。积极参与课题研究，多次作为课题组核心成员或课题主持人参与国家、省市级课题研究，在被誉为"江苏教育界奥斯卡"的"教海探航"征文评比中获奖10余次，有多篇论文发表在《中小学数学》《江苏教育》等杂志。现任教于七师123团中学。

二、招收学科及人数

小学语文、数学教师各2名。

三、名师工作室招收成员条件

（一）热爱教育事业，师德高尚，爱岗敬业，乐于奉献，具有良好的师德修养。

（二）刻苦进取，勇于创新，具有较强的教育科研能力和较好的发展潜力。

（三）工作积极主动，有团结合作的精神，有踏实的工作作风。

（四）近三年在师及以上教育教学方面获奖者优先入选。（附奖状原件图片）

（五）在教育教学一线任教，工作5年以上，原则上要求40周岁（1979年9月之后出生）以下。

四、遴选形式

（一）采用成员自愿报名、学校推荐的方式，个人对照工作室成员申报条件，填写"薛老师工作室"成员申报表并上报学校（见附件）。

（二）学校按申报条件推选骨干和教师，写出推荐意见，报薛老师处。

五、工作要求

（一）请上述单位接到通知后，认真组织相关学科骨干或优秀青年教师参加。

（二）参加活动的学校要尽可能支持"薛老师工作室"开展的各项工作（工作方案另行通知），及时按照工作要求上报相关信息。申报截止日期：2019年9月1日。

（三）申报表加盖学校公章，以图片形式报师教研室备份。

六、联系人

（略）

第七师教学研究室

2019年8月26日

附件：

"薛老师工作室"成员申报表

学校		姓名		性别		出生年月	
学科		职称		微信		联系电话	
主要工作经历							
获奖情况							
所在单位意见					签字： （盖章） 年 月 日		

除了向123团中学周边的团场学校招募新成员，123团中学中学数学组和本学年南疆上挂的老师也加入了我们，我们的队伍由原来的12人发展到了24人，规模整整翻了一番！

切合实际的梯队培养方案

工作室开展一学期以来，成员们都有了不同程度的进步。为使工作室成员得到更好的发展，缩短成员成长周期，为了让活动更有实效性，本学年我们实施梯队培养。共分三个梯队，对每个梯队的成员提出"够得着"的要求，每位成员根据自己的情况进行自主申报，选择适合自己的梯队，每梯队人数不限。

"每月一研"是工作室"四个一"项目中的核心项目，意在更新工作室成员教学理念，提高工作室成员驾驭课堂的能力，使我们的教育教学水平更上一个新台阶。为此，对于"每月一研"，我们又进行了详细的设计：自主备课→第一次试讲（磨课）→第二次试讲（磨课）→公开课。

梯队	每日一读	每月一研	每课一思	每学期一展示	工作年限
一	必须完成	必须参加	400字	自主参加	1年以内（含1年）
二		一节公开	600字	自主选择	3年以上（含3年）
三		两节公开	800字	必须参加	5年以上（含5年）

备注：1.课程内容：课标四部分任选；2.课题：最好根据所教学段从第七师教研室2019年典型学科课题中选择。

工作室全体成员都要按要求准时参加"每月一研"活动;第三梯队的成员每人每次上公开课前有两次试讲机会,请珍惜这两次来之不易的机会,因为有团队的辛苦付出,消耗的不仅仅是大家的时间,还有精力与心血;为使工作室成员能充分备课,两次试讲时间均由上公开课的老师来定,时间均安排在下午,但必须提前3天通知孙静老师,好提前做好工作安排;第一梯队的老师根据提前下发的工作安排,认真研读教材,充分做好磨课准备。

"每月一研"的具体时间安排表

节次	9月	10月	11月	12月
一	孙静（三年级）	焦晶萍（一年级）	廖莉萍（五年级）	宁昊慧（六年级）
二	廖莉萍（五年级）	宁昊慧（六年级）	张艳丽（六年级）	焦晶萍（一年级）
三	宣娜（七年级）	宣娜（八年级）	康方方（八年级）	孙静（三年级）
四	康方方（八年级）	刁家萍（九年级）	刁家萍（九年级）	张艳丽（六年级）

备注:语文为每个月最后一周的周三下午一二节,第三节研讨;数学为每个月最后一周的周二下午一二节,第三节研讨;如果都是数学,小学为周三,中学为周二,12月份四节课全在上午,下午召开工作室总结会;请大家根据细则充分做好研讨准备,如遇学校重大活动再做微调。

同时,为了保证"每月一研"活动的质量,我们在每一个月的第三周进行磨课。执教的老师进行两次试上,工作室所有成员参与听课、研讨,这样,不仅执教者能得到实实在在的提高,参与磨课活动的老师也能在思考中得到提升。

九月份磨课时间安排表

		9.17	9.18	9.19	9.20
第四节	执教	孙静	康方方	廖莉萍	康方方
	课题	吨的认识	全等三角形的判定	用字母表示数	全等三角形的判定
	地点	小学录播室	八(4)班	小学录播室	八(3)班
第五节	执教	廖莉萍	孙静	宣娜	宣娜
	课题	用字母表示数	吨的认识	1.5 有理数的乘方	1.5 有理数的乘方
	地点	小学录播室	小学录播室	七(3)班	七(4)班

续表

		9.17	9.18	9.19	9.20
第六节	二楼会议室	4:50开始研讨	4:50开始研讨	4:50开始研讨	4:50开始研讨

备注:1.小语的老师可以不参加此次研讨活动;2.数学组老师要参加听、评课活动。听课老师按课题提前翻阅教材,安排好自己的工作,提前5分钟到指定地点听课。讲课老师提前准备好听课教师的板凳,组织好学生,达到上课状态。

经过了一周的磨课,工作室的数学老师们都积极参与听评课活动,为了使我们的课堂更真实、更高效、更轻松、更有趣,老师们都在默默地付出着,努力着,为老师们这种精神点赞,在这里道一句:"老师们,辛苦了!"

九月研讨课时间安排表

		周一(中数)	周二(小数)
第一节	班级	七(2)班	三(2)班
	课题	有理数的乘方	吨的认识
	执教	宣娜	孙静
	地点	四楼录播教室	四楼录播教室
第二节	年级	八(1)班	五(1)班
	课题	全等三角形的判定	用字母表示数
	执教	康方方	廖莉萍
	地点	四楼录播教室	四楼录播教室
	周二活动结束后,工作室主持人薛仕扣老师做总结性发言		

备注:1.上课教师提前调试好课件,把握好上课时间,做到不拖堂;自行安排学生提前到教室,达到上课状态;准备教材若干本。2.听课教师带上听课记录提前5分钟到听课地点准备听课;保持教室安静,以免影响正常上课。

在上个学期工作室活动中,我们发现"四个一"中的第二个"一","每周一学"栏目中老师们参与的积极性并不是很高。针对老师们教学反思意识不强,我们进行了调整,将"每周一学"改为"每课一思",以培养成员的反思意识。同时对不同梯队的成员提出不同的反思要求:第一梯队的成员只需有感而发,对反思的质量没有要求,第二梯队的成员则需要有一定质量的反思,第三梯队的成员则要求反思质量高。这样结合梯队培养,新的"四个一"项目正式启动。

再见，期待再一次相见

时间过得真的很快！转眼间 2019 年即将成为历史。回顾工作室一年来开展的各项工作，我们坚实地走完了每一步。在这一年的时间里，在 123 团中学这一空间里，我们认认真真、扎扎实实、脚踏实地开展每一项工作。

盘点过去

扎实推进"四个一"工程

我将我的工作室起名为"薛老师工作室"，并于 2 月 28 日正式启动。

在启动仪式上，邓校首先对工作室的成立表示热烈祝贺，对工作室活动的开展提出殷切期望。她勉励工作室的每一位成员要认真学习专业理论知识和教育教学实践，让自己快速成长起来。

在启动仪式上，我给工作室成员规划了"四个一"工程，即：

每天阅读教育名著一小时，并撰写阅读心得体会；

每周观看一次名师教学视频或讲座，相互交流学习心得（这个"一"第二学期换成了"每课一思"）；

每月进行一次教学研讨活动，加快工作室成员成长步伐；

每学期面向全校或全师进行一次教研展示活动，开拓视野，在相互交流学习中共同提高。

一年的实践证明："四个一"工程项目能很好地促进教师的专业成长。

一年来，老师们通过阅读，撰写反思累计达 15 万字，这样的反思对老师们的教育教学起到潜移默化的引领作用。孙静老师写道：

比较我在南疆支教学校第一次评课和最后一次评课，教务主任这样评价："孙老师这次评课怎么讲得这样好，第一次听你评课时没有这样的感受啊？今日令我刮目相看！"只有我自己知道，正是薛老师教给我去阅读，才会让教务主任对我产生这么高的评价。

一年来，我们共组织了 8 次教学研讨展示活动，宁昊慧、焦晶萍、孔瑞洁、廖莉萍、王军胜、孙静、刁家萍、康方方、宣娜、张艳丽、孙慧芳、胡万涛等一批老师在教研活动中执教示范课，在活动中使自己得到快速成长。

在活动前，廖莉萍、康方方、孙静等一批老师总是能对自己的课进行反复的打磨，在磨课的过程中我看到她们的进步。

康方方老师是本学期新加入的成员。

她说：通过工作室活动，我学会了思考，思考怎样引入，学生更容易接受，而不是我认为的那样简单，课上也愿意试着让学生去发现、去总结。我的教学观念从以前的只关注自己的教慢慢变成了越来越关注学生，这样一来，我上课也越来越有激情，我感觉自己课上课下也越来越美好了，我很开心。

勤勉做好幕后工作

一年来，我听课100余节，并且做到每次听完课后，都能拿出1至2节课的时间与老师们进行交流，提出自己的建议，期望给老师们带去更多的思考。并将部分反思的内容进行整理汇总。

一年来，工作室每次开展教研展示活动，我都会开展相关的讲座或课堂教学点评工作。规劝老师们对展示的课堂教学进行整理，写成教学实录。凡是交给我的课堂实录，我都能帮助进行点评或撰写设计意图，以期望形成一篇篇完整的、高质量的教学设计成果。

一年来，工作室每次开展教研展示活动，我都事无巨细，从横幅的悬挂，到活动场地的安排都能参与其中。下半年孙静老师的鼎力协助，为我减少了不少事务。

广泛的赞誉及取得的成果

我们磨砺刻厉，我们黾勉行路，因此，我们"久而后有得"。

我们工作室开展的活动受到了师教育局教研室的高度评价，本学期在师教育局教研室的号召下，125团、128团老师加入了工作室。同时，学校中学部也有几位老师加入了工作室，我们的队伍在扩大。

同时，我们工作室开展的各项活动得到了媒体的广泛关注。《奎屯日报》曾在3月5日、4月1日和4月19日，先后三次对我们的活动事迹进行了报道，11月29日《兵团日报》和新疆生产建设兵团网站对我们工作室开展的活动给予了高度评价！

《兵团日报》给予我们的评价是：

援疆教师薛仕扣在123团中学成立"薛老师工作室"，通过课堂教学指导、教学课题研究、开展教学交流等方式，和该团中学教师一起探讨新的教学理念和教学方法，讲解自己的教学心得，传播新的教育教学理念，使该校教师教育观念、方法得到转变，着力打造一支教育教学骨干人才队伍。

5月27日至6月18日，七师第二届"希沃杯"中小学教师课堂教学大赛中，工作室宁昊慧和王军胜两位老师代表学校参赛，两位老师在工作室的协助下，在大赛中脱颖而出,她们的课堂教学得到评委老师的高度认可,两人获得第二名的好成绩。

11月11日至15日,七师组织全师中小学理科教师微课大赛,工作室积极参赛。廖莉萍、刁家萍、宣娜的微课获得二等奖,孙静、孙慧芳、康方方的微课获得三等奖。

12月2日至6日,123团中学开展青年教师教学大比武活动。本次活动共有22名青年教师参加,分文科、理科两组进行比赛。工作室孔瑞洁、胡万涛2位老师分别获得本次教学大比武活动文科组和理科组第一名。另外,孙慧芳获得二等奖,郭曼君、王慧获得三等奖的好成绩。

通过一年来的努力,在"四个一"项目的推进中,工作室灵活采取了实施"菜单式""梯队型"双向选择培养方案。我们根据每个成员自身的发展需求,结合自主申报情况,选择适合自己的成长梯队,并对每个梯队成员提出"够得着"的要求。通过一年来的共同努力,一批批教师脱颖而出,成为学校教育教学的骨干。

工作中存在的问题及反思

总结一年来的工作室工作,从整体上看取得的成绩很多。但与此同时也存在一些问题:

少部分老师读书的积极性不高,没有把"每日一读"当成必修课,总是需要提醒后再去读,读书的氛围有待进一步提高。

少部分老师被动参加工作室的各项活动,有个别老师总是找借口或者确有事情而不参加活动,认为工作室的活动跟其他事情相比可以忽略,思想上不重视工作室的活动。

工作室成员的听课反思普遍停留在较低的流水账层面,研究能力和反思水平不高,需要进一步加强。

作为工作室主持人,平时由于碍于面子,对大家的监管力度不够。

我想,这些问题在今后的工作中必须加以解决。

展望未来

下个学期,我将离开这里,回到淮安。我希望工作室的各项工作能继续开展下去。同时,我希望工作室能隶属于学校教研室,而且是教研室的一个重要的研究性部门,希望学校领导在下个学期安排工作时能适当减轻下一任工作室主持人的教学任务,让其将更多的时间和精力用在教师队伍的引领上。

未来,我虽然不在新疆工作,但我一定会关注工作室各项活动的开展情况。如果有机会,我还会来到这里和大家一起再叙教育教研。我希望工作室在新主持人的带领下,能取得更大的成绩。

回顾一年来的工作室工作,我们致力于影响和带动123团中学教师及周边团场学校教师队伍素质的提高,以培养教学骨干为重点,以立足教师岗位培养和自我发展为主要途径,搭建优秀教师脱颖而出、快速成长的平台,为提高123团及周边团场中学教育质量提供人才支持。为转变传统教与学的方式,为教师的职业幸福、学生的健康成长奠基。我们还将一如既往,砥砺前行……

第五辑

我和支教的学校

我在新疆支教的学校是新疆生产建设兵团第七师123团中学,这所学校地处新疆维吾尔自治区境内天山北麓和阿尔泰山之间的准格尔盆地南部、古尔班通古特沙漠边缘。学校创建于1956年,如今已经走过63个春秋。2016年6月16日,123团中学和小学合并更名为123团中学。2016年8月按照第七师党委、七师教育局整体教育布局,123团中学高中部整体搬迁至130团高级中学。如今,123团中学是一所含小学和初中在内的九年一贯制学校。

家长眼中的这所学校:学风浓郁、环境优美、师资力量雄厚……这样的好学校,牵动着无数家长们的心。很庆幸,在准格尔盆地南部、古尔班通古特沙漠边缘就有一所家长们眼中的好学校——新疆兵团第七师123团中学。这里和蔼可亲的老师、良好的学习氛围让家长安心。快乐学习、幸福成长的理念让家长舒心。学校是一座让孩子德智体美劳全面发展的神圣殿堂,在123团中心各位老师的教导下,孩子的未来是光明的,123团中学正在努力给学生创造最好的学习环境和条件!相信学生在美丽的校园中,一定能在老师严格的教学下茁壮成长,成为祖国未来的栋梁之材。

学生眼中的这所学校:校园对每个人来说是亲切的,是温暖的,在这个地方,有我们成长路上的艰辛和酸楚,有我们学习路上的困难和懵懂,还有那永远不消失的笑容,是校园让我们鼓起勇气在一次又一次的失败中依然心存希望,依然会坚强地爬起来。学校是我们成长的摇篮。人生最幸福的时光就是童年,而除了家以外,我们童年待的最多的地方无疑就是学校了。我们的一件件趣事就如一个个跳动的音符,蕴藏在校园这首乐曲里。回想以前,一些高年级的哥哥姐姐们无微不至地关心着我们,为我们带路;平易近人的老师们亲切地带着我们参观美丽的校园,融入我们,和我们共同学习,共同玩耍。而转眼间,我们已是中学的八年级的哥哥姐姐了,回想起在校园的点点滴滴,嘴角不由得轻轻上扬,因为在这里我感受到了幸福。

《教研培训意向表》的那些事

用心设计一份表格

2018年开学初,为更好地促进123团中学(小学部)教师的专业成长,提升教师专业发展水平,我向邓益英副校长提出自己的设想,得到了邓校长的支持。当天晚上我利用一个晚上的时间设计了一份《教师教育教学及教研培训意向表》。

第二天一早,我向邓副校长提交了这份《意向表》,让老师们认真思考自己在教育教学工作中存在的困惑,并根据老师们的困惑有计划地开展针对性的教师专业培训。

教师教育教学及科研培训意向表

姓　名		出生年月		职　称	
任教学科		任教年级		是否班主任	
需要培训的主题					
选择此主题的缘由（200字左右说明）					

做实数据的收集、分析工作

2018年8月27日,学校将这份《意向表》送至文印室印制,并分发给学校的每一位老师。8月31日我将表格进行了回收,共计46份,并将表格中的信息进行了整理统计。

	30周岁以下	30至45周岁	45周岁以上	
年龄层次	16	8	22	
	34.78%	17.39%	47.83%	
	高级	一级	二级	无
职称	1	18	16	11
	2.17%	39.13%	34.78%	23.91%
	语文	数学	英语	其他
任教学科	16	11	2	17
	34.78%	23.91%	4.35%	36.96%
	是		否	
是否班主任	21		25	
	45.65%		54.35%	

在收回的《意向表》中,因有英语和其他学科的老师跨年级任教,故"任教年级"没作统计。从年级层次上看,30周岁以下和45周岁以上的老师超出80%,中青年老师比例很小。其中45周岁以上的老师占近一半;从职称上看,高级教师只有1人,一级教师和二级教师人数占大部分;对于是否担任班主任约各占一半。对于这样的教师群体而言,

进行教育教学及科研培训应该很有意义。

现选取部分老师的需要培训的主题及缘由整理如下：

宋乃峰老师选择的主题是"提升孩子自主学习能力"。他认为，随着孩子年龄的增长，其独立意识越来越强，父母应特别注重与孩子的沟通交流。在交流中，正确的做法应该是认可孩子的学习热情，肯定孩子在学习上的付出，减少孩子的抵触情绪，加强孩子责任感的教育。在每一个家庭中，父母和孩子都有各自的责任。对于孩子来说，学习是自己的事情，自己才是学习的主体，当孩子有学习责任感时，他便会主动地自觉地去学习，并尽自己所能去搞好学习。在学习过程中，要对孩子进行方法指导，父母不要一开始就帮助孩子解决难题，而是对孩子进行方法上的指导，鼓励孩子用各种方法解决问题。

王雪莉老师选择的主题是"如何有效进行小学语文阅读课教学"，对此问题她有四点看法：1. 培养学生良好的学习习惯。在语文教学过程中制订一系列制度、方法，这样就能有序、有效地开展语文教学活动，当以上制度、方法完善并实施一段时间后，学生也就形成了良好的学习习惯。2. 把学习方法教给学生。新课标中提到，教师在教学过程中对于教材的处理，应由过去的"教教材"转变为"用教材教"，这就表明教材是"材料"，是"例子"。3. 把主动权给学生。将读书时间的主动权让给学生，让学生有充分的时间去读书，不能让读书成为阅读课上的形式，走过场。4. 提高阅读兴趣，拓展学生的阅读面。小学除了学好教材以外，再阅读一些其他书籍，既可以丰富词汇，又可以广泛地学习语言表达方法，提高读写能力，养成自学的习惯。总之，要想有效地进行语文阅读教学，必须做到热爱学生，认真学习新课标，精心设计教法，大胆创新。阅读过程中既要集中注意力，更要动脑子，还要勤于动笔，这样就会产生事半功倍的阅读效果。

高虹老师的主题是"如何在语文教学中正确进行合作学习"。她在教学中发现：小组学习方式看似简单易学，貌似热闹，其过程后的结果却不甚理想。很多时候，合作学习都只是流于形式，没有真正达到合作学习的目的。活动的本意是使每一位学生都能参与其中，都能表达出自己的见解，然而其他学生只是跟着热闹一番，把自己当成了一个旁观者，并没有去思考，该不会的还是不会，达不到预期目标。所以如何发挥小组合作学习的作用？正确、有效地实现合作学习的目标，就成了我们该思考、探究的问题了。

王军胜老师的主题是"如何提高计算题的正确率"。她认为，小学数学计算是基础，从小学一年级开始学的 10 以内的加减法，学生做得已经很熟练了，但是进入 20 以内的加减法计算时，用凑 10 法和破 10 法，又是背口诀又是讲技巧，课堂练习看上去还不错，但是期末考试的正确率仍旧不理想，问题到底出在哪了？再往高段走，正确率越来越不容乐观，特别是去超市商场购物，学生更是在计算方面明显薄弱。

教英语的王爱玲老师的主题是"如何处理课时任务与学生掌握之间的矛盾"。她指出,英语老师工作量繁重,班额大,课时量不足,班级中两极分化严重,后进生随着年级的增大而增多,课堂教学中有时为了完成课时教学任务,很难兼顾到这些学生,怎么才能更好地处理好这一关系?

教科学的王丽平老师的主题是"怎样用新的理念引导学生上好一堂课"。她说,在上课听课的过程中,我们经常会听到有些老师的情景导入很自然,导入的课题也很贴切学生的实际,引导着学生的思路一步步学到新的知识。例如上次来的淮安老师讲课引入就很自然,课件做得也很好,我觉得好的课件能使学生的思维一步步得到提升。我有时也很困惑,自己又不会制作课件,有时下载的课件也需要修改,所以恳请给予指导!

教心理健康的高婷婷老师的主题是"如何组织有效地课堂教学"。她认为,每一个学生都是一个独特的个体,每一个班级也都是独一无二的,即使是同样的内容,面对不同的群体,教学方法也应该是不同的。那么面对不同学生教师如何组织有效的课堂教学就显得尤为重要,希望专家能多介绍一些先进的方法和理念,让我能应用于课堂教学中,更好地服务于教学工作。

做好"菜单式"培训的前期工作

老师们选择的主题很多,面临的困惑也很多,我针对老师们提出的问题,进行有计划、有针对性的备课,同时做了如下的培训安排:

(1)计划从本学期第 4 周开始,双周组织老师培训,两个学期预计组织 20 次左右的培训,每次培训时长 1 小时。(培训时间最好安排在双周星期几的固定时间,培训地点最好也要固定。如果学校有教师的业务学习,可以与此相整合)

(2)培训时,原则上要求全体教师参加。(特殊情况,需请假)

(3)为了增加培训的实效性,每次培训结束后,参与培训的老师需撰写学习心得,由学校相关部门收齐后交于我。但遗憾的是,由于种种的原因,这份教研培训安排最终没有落实。虽然没有落实,但在第二学期的工作室活动中,我还是利用了收集到的数据有针对性地开展活动。

参与"淮安·七师教育心连心"活动

思索如何发挥援疆团队的作用

作为来 123 团支教的 6 位淮安教师小组的组长,我深知身上担负的责任,我们来支教不仅仅是带班上课,更重要的是用淮安的教育教学理念来影响和带动七师的老师。

用怎样的方式最佳呢？我们6人商议后达成一致共识：面向全师，以示范课或讲座的形式开展一次教研展示活动。

2018年11月30日学生放学后，我把我们的想法向张建国校长进行了汇报。张校长对我们的做法很赞赏，他说："我们学校的老师教研氛围不浓，很需要你们淮安的老师给我们引领。"同时，他说要向师里汇报。师里得知后，认为我们的活动很有想法，同意我们的做法，并让我先拿一个活动方案。

为了最大化地拓展活动的参与面，我们6位老师全部参与，因我和杨进科两位老师都是教小学数学，所以我让杨老师执教小学数学示范课，我做一场关于班主任方面的讲座。这样此次教研展示活动在学段上有小学和初中，在学科上有语文、数学、物理、政治，在形式上有课堂教学和讲座……

制订"淮安·七师教育心连心"活动方案

经过我的几次修改、完善，最终由学校向七师教育局提供了一份活动方案。我们设计的方案得到了七师教育局的高度认可，最终七师教育局向全师各团场学校下发了一份活动通知，通知内容如下：

关于组织参加淮安援疆教师示范课观摩活动的通知

各团场学校：

为进一步提升中小学教师教学素养，提高教师课堂教学水平。经师教育局研究，决定组织参加淮安援疆教师示范课观摩活动。现将有关事宜通知如下：

一、活动时间、地点

时间：2018年12月14日（14日上午10：50前报到）；

地点：123团中学。

二、参会人员

七师各团学校教研室主任（教研组长、备课组长）及相关学科骨干教师，教研室相关人员。

三、活动内容

1. 课堂教学观摩及主题研讨；

2. 名师专题讲座"如何做一名幸福的班主任"。

四、工作要求

1. 请各单位组织相关人员参会，活动结束后及时组织开展相关学科的教研活动，并注意往返途中的行程安全。

2. 请各单位于12月12日前将参会回执（见附件2）发至电子邮箱。

3.各学校参加活动人员的交通、食宿自理,费用由所在学校按有关规定办理。

师教研室联系人:瞿红义　电话:181××××××××

123团中学联系人:郭新建　电话:136××××××××

七师教育局
2018年12月11日

老师们在活动中收获多多

就这样,"淮安七师'引领教师之教,倾听学生之声'教育心连心"活动于2018年12月14日在123团中学(中学部)二楼的会议室拉开帷幕。

在此次活动中,我为七师10余所学校100多名老师做了一场题为"如何做一名幸福的班主任"的主题讲座(讲座内容见第一辑)。我以培养"幸福的人"为核心价值追求,从什么是幸福,如何才能成为幸福班主任出发,指出一所学校只要班主任都幸福了,这所学校就一定成功了。做幸福班主任,就要像魏书生那样做一个"甩手掌柜";幸福班主任需要爱心,但更需要智慧。

在讲座中,我引经据典、旁征博引,列举了大量的身边的案例和故事,让在场所有老师享受到一场精神大餐,80分钟的讲座让听讲座的老师们意犹未尽。讲座结束后,老师们纷纷表示听了我的讲座,胜读十年书,更重要的是他们对今后班主任工作越发充满了信心!

"幸福教育西部行"来了

做好"幸福教育西部行"联络人

"幸福教育西部行"活动是由淮安市实验小学倡议,并得到淮安市教育局大力支持的学术交流活动。近几年来,"幸福教育西部行"分别走进甘肃、宁夏等地,为推动东西部教育的均衡发展做出积极贡献。

2019年的"五一"刚过,我接到淮安市实验小学陈广东校长的电话,说淮安市幸福教育研究会和学校预计在7月初来123团中学开展一次"幸福教育西部行"送教活动。得知消息后,我立即把陈校长的意愿向123团张校长进行了汇报。在淮安市教育局与七师教育局的指导下,我充当着联络人的角色,经过两校的多次沟通、协商,"幸福教育西部行——走进新疆"终于于2019年7月2日开启。下表是具体活动安排:

淮安市实验小学赴新疆生产建设兵团第七师 123 团中学
开展教研活动安排表

9:30—9:45	开幕式	相关活动安排(略)	
10:00—10:40	课堂教学	语文	周新:六(上)《穷人》
10:50—11:30		数学	胡清:五(上)《数学广角——植树问题》
11:40—12:20		科学	刘卫明:六(上)《电磁铁的磁力》
12:30—13:10		综合	王大伟:六(上)《自信伴我成功》
16:10—16:50	研讨	语文	周新、宁昊慧
		数学	胡清、黄红艳
		科学	刘卫明、程静
		综合	王大伟、艾英
17:00—18:30	讲座	刘永平:幸福教育的文化建构与实践探索	

为七师播撒"幸福教育"的种子

本次"幸福教育西部行"活动,虽然在 123 团组织,但活动面向七师所有团场学校现场直播。活动由淮安市实验小学党委副书记刘永平和四位骨干教师就学校管理、教育教学进行交流研讨。

简短的开幕式后,是由老师们带来的四节展示课。周新老师在课前的谈话中要求学生勇敢、积极表达自己的观点,在周老师的带领下,学生走进了文本中人物的内心世界,感悟《穷人》一课中的"穷"只是物质上的匮乏,但他们精神是富余的;胡清老师首先从防暑降温的方法,巧妙引入树带给我们清凉,同时也隐藏着数学知识,进而引出所要学习的《植树问题》,在学习中,胡老师渗透"猜想—验证—试验"的思维过程,在小组合作、动手操作、汇报展示等活动方式,学生在轻松的氛围中习得新知;刘卫明老师的科学课《电磁铁的磁力》首先从问题入手,从电磁数量、铁芯长短、铁芯粗细与磁力大小的关系提出假设,通过实验来验证假设,最终得出结论;王大伟老师的课堂从课前师生对话开始,紧密围绕课题《自信伴我成功》,暗示学生:我希望这节课,自己能……,让学生给自己定下一个小小的目标,在不断实现目标的过程中,让自己更加自信,通过自信的人物、自信的故事、自信的法宝,让学生自信满满。

上午的课堂教学结束后,下午又针对上午的四节课进行了研讨。四位执教老师给 123 团中学的老师介绍了自己的教学设计意图,并与听课的老师进行了互动交流。123 团中学的老师们纷纷表示开阔了视野,感谢"幸福教育西部行"活动,感谢淮安市实验小学的辛勤付出。在交流中,老师们提出自己在教学中的困惑,执教老师均能给予回应。这既是一场研讨活动,又是一场指导活动。

研讨后,由江苏省特级教师、淮安市实验小学党委副书记刘永平带来了一场主题为"幸福教育的文化建构与实践探索"的讲座。刘书记首先从教育的起源讲起,指出教育起源于社会规范和社会需要。他以淮安市实验小学教育集团长征小学的教师队伍建设为例,指出教师需要走入团队(团队建设要以赛促研)、走入课程(教师应是课程的建设者),需要有自己的项目(项目的实践者)。一个半小时的讲座,让在场的听众意犹未尽。

做好教育研究的引路人

我的南疆之行纪实

2019 年 6 月 24 日,我作为 123 团淮安六位援疆教师成员之一,在张建国校长的带领下,前往南疆对口援助及友好学校开展送教、考察交流活动。

下午 5 时许,我们从 123 团中学出发,前往克拉玛依机场。刚进克拉玛依市,就遇见了一场罕见的大雨,但这并没有阻挡我们前进的步伐。因从克拉玛依到和田只有通程机票,所以当晚飞机停在库尔勒机场,需要第二天再次登机赶往和田市。

到了库尔勒机场已是第二天的凌晨,因路途的劳累,大家只是简单吃了点泡面就休息了。

6 月 25 日上午 6 时许,天刚蒙蒙亮,我们从库尔勒机场出发,前往和田。

上午的飞机准时起飞,也准时抵达和田机场,刚到和田机场又下起雨来,而且雨一直持续到了 25 日的下午,虽然我们一行 7 人的衣服都被突如其来的大雨淋湿了,但张建国校长风趣地说:"新疆罕见的两次大雨竟然被我们遇上了,预示着我们这次活动是风调雨顺!"

可是,活动并没有像预想的那么简单,我们先从机场出发,一路辗转,先是来到墨玉县,然后来到吐外特乡,简单地吃了点早餐,最后前往学校。

和田市墨玉县吐外特乡中学是新疆生产建设兵团第七师第 123 团中学对口支援学校,我们受到了热情接待,然而意想不到的是因突降大雨,吐外特乡全乡停电,我们事先准备好的送教课件也派不上用场。没有办法,我们又临时改变了主意,将讲座改为和老师们互动交流,老师们提出自己在教育教学中的困惑,我们进行解答。就这样,活动一直持续到了下午7点多。虽然将讲座改为交流,但这样的交流更有针对性和实效性,老师们普遍认为收获很多。

和田市墨玉县吐外特乡中学孙书记对我们一行的辛勤付出表示感谢。为了促进沟通交流,他打算下个学期带领学校骨干教师来新疆生产建设兵团第123团中学"取经",张建国校长表示热烈欢迎。

6月26日上午,我们进行了简单的调整,下午又马不停蹄地赶往喀什。因从和田到喀什路途遥远,为了不耽误时间,我们选择了乘飞机前往喀什。即便这样,来到喀什找到宾馆入住下来已是第二天的凌晨1点多了。

6月27日下午,我们一行7人来到喀什市疏附县托克扎克乡中心小学。我们之所以前往这所学校考察学习,是因为去年123团中学解海龙老师曾在托克扎克乡中心小学挂职学习,同时这所学校是南疆一所先进示范学校,有着独特的办学特色。

来到这所学校,映入我们眼帘的是"知恩、感恩、报恩"这6个大字,同时受到了托克扎克镇中心小学党支部书记姚红玉的热情接见。姚书记说:"我校师生牢记嘱托,多渠道促进双语教育快速发展,为打造双语教育先进示范校,把校园建设成有巨大辐射力的民族团结高地而努力奋斗。"

走进这所学校,校园里每一处都是靓丽的风景,处处彰显育人的价值。姚书记的介绍如数家珍,她说:"三年来,托克扎克镇中心小学荣获了疏附县'民族团结进步模范集体'、地区级德育达标示范校、首届中华优秀传统文化教育先进单位,先后有26名教师荣获地、县'优秀教师'荣誉称号,师生们时刻牢记习近平总书记的嘱托,教好双语,学好双语,促进民族团结。"

在疏附县托克扎克镇中心小学留影

考察学习结束后,张建国校长诚挚邀请姚红玉书记下个学期来我们123团中学传经送宝,姚书记欣然接受。

6月28日,我们一行又前往喀什伽师总场中学、四十五团第二小学等学校看望123团中学孙静、罗小荣两位支教老师。张建国校长对她们响应国家号召,促进教育均衡发展所做的贡献表示感谢。6月29日,我们从喀什机场出发,返回克拉玛依,一路辗转回到123团已是30日的凌晨2点多。

短暂的几天送教、考察学习虽然很辛苦,但是我们累并快乐着,在辛勤付出的同时,也充实了自己,学到了很多先进的经验。既加强了校际合作交流,又在交流的过程中促进了思考,真是不虚此行!

为学校最后一次做讲座

12月7日至8日,123团中学全体教师进行集体再学习。为了让学习更具实效性,7日下午5:00—6:30,邓益英副校长和教研室郭新建主任一同邀请我为老师们做一场讲座。我以"教育研究:教师专业成长的跑道"为题,提出三个问题(什么是教育研究、为什么要进行教育研究,以及怎么进行教育研究)与老师们进行互动,我将问题一个接一个地抛给老师,老师们积极思考,争先恐后回答,现场气氛热烈。在回答的过程中,我适时进行概括、提炼、升华。

我为全校老师做专题讲座

什么是教育研究?蔡永胜老师说:"教育研究就是要把我们的教育实践进行提炼概括,形成教育规律,然后再实践、再提炼,这样的一种循环往复的过程。"李献锋老师说:"教育研究就是要因材施教。"我对他们的回答给予赞许的同时指出教育研究就是研究教育,研究老师们在教育教学过程中所发生的那些事。有些老师很害怕教育研究,认为那是高大上的事,认为那是大学老师做的事。我告诉老师们,教育研究其实就在我们身边,它发生在我们每天所面对的课堂里。大学老师做的研究更多的是理论层面的研究,而我们中小学老师所做的研究是实践层面的研究。

为什么要进行教育研究?陈然老师说:"为了学生的发展。"曹艳艳老师说:"我们进行教育研究可以为教学服务,而且自己在研究的过程中会得到成长和发展。"朱建军老师说:"教育研究可以丰富我们的教育生活。"我引用了苏霍姆林斯基所说的"应引导每一位教师走上从事教育研究这条幸福的道路上来",指出教育研究可以让老师们获得职业的幸福。"试想,一个喜欢进行教育研究的老师,他每天来到他的学校,进入他的课堂,面对他的学生都会有新的发现和思考,而这些发现和思考会让他变得多么的幸福。反之,一个不喜欢进行教育研究的老师,他认为每天都是在重复做相同的事,长此以往,他会在单调乏味中觉得很不幸福。

怎么做教育研究?我给出了四种不同的研究方式:教学反思、教学设计、教育教学论文和课题研究。同时,又具体详细地介绍了这四种不同的研究方式如何与我们的教育实践相结合,如何指导我们的教育教学,以及在撰写教学反思、教学设计、教育教学论文时的点滴细节和进行课题研究过程中如何选题,开题和结题的程序过程,等等。

此次讲座,形式新颖,台上台下互动积极,碰撞出许多思维的火花;内容深刻,源自课堂源自实践,又启迪人反思自己的日常教学,深受教师们的喜爱。在赢得阵阵掌声的同时,更多的是给老师们带去对教育研究深层次的思考。

我根据现场讲座录音,整理如下:

各位老师,大家好!很高兴能有这样的机会与在座的各位老师一起交流"教育研究:教师专业成长的跑道"这样的一个话题。

苏联有一位著名的教育家,叫苏霍姆林斯基,想必大家都非常熟悉,他的一本书叫《给教师的一百条建议》影响着我国的一代又一代教师,如果你还没读,我建议大家读一读。

他曾经说过这样的一句话:如果你想让教师的劳动给教师带来乐趣,使天天上课不至于变成一种单调乏味的义务,那你就应当引导每一位教师走上从事研究的幸福道路上来。

在座的各位老师,我们在大学时代学习了教育学、心理学的很多理论知识,对教育也有很多的憧憬。但当了老师后,发现并不是想的那样,每天日常事务琐碎,需要处理很多突发事件,需要和家长进行沟通,领导时不时地还会听你的课,老教师还时不时地指出你这里不好,那里存在问题,等等。说得直白一些,就是理想很丰满,现实很骨感!哪来的乐趣?长此以往,就会把教育当作一种单调乏味的义务。怎么办呢?苏霍姆林斯基给了我们答案:要走上从事研究的道路上来,而且还是幸福的道路!

因此,对于"教育研究:教师专业成长的跑道"这样的一个话题,我打算从三个方面和大家进行交流。

第一,什么是教育研究?这是我们首先必须回答的问题,而我们的回答不是从百度搜索教育研究的相关概念,这样的概念是强加到我们头脑里,缺乏自己的理解,我们得自己去思考什么是教育研究,这是第一。第二,为什么要教育研究?作为教师,走上工作岗位,我们就得思考,为什么要进行教育研究,作为教师,如果我们不进行教育研究行不行?如果你不进行教育研究,或许当你五年、十年后,在教育教学的过程中积累了一定的教育教学经验,但五年、十年后,当你和身边喜欢进行教育研究的教师相比,你会感觉到自己会远远地落后于喜欢进行教育研究的老师。现在大家都是刚刚走上工作岗位的新老师,大家都差不多,但是若干年以后,在座的有一些老师会脱颖而出,成为教坛新秀、骨干教师、学科带头人、教学名师、特级教师,而这些荣誉称号的背后就是一直持续不断地进行教育研究,如果你只想埋头教书,做一个教书匠,日复一日,你会觉得教师的工作是多么的单调乏味,这就是我所要讲的第二点,为什么要进行教育研究。既然我们明确了作为教师一定要进行教育,那么第三点,我想和大家交流的是如何进行教育研究。作为小学教师,我们不可能、也不需要像大学教师那样进行教育研究,我们的研究更多地倾向于实践研究,我们的研究对象是我们的教育对象——小学生,我们还要研究我们的教材,研究我们的课程标准,研究我们的学生是如何学习知识的,研究新时代需要怎样的教育理念,研究的成果如何进行表达,等等。这是我今天所要想汇报的第三点。

下面,先跟各位老师交流第一点:什么是教育研究。

教育研究,我的理解是研究教育,那教育又是什么?教育,从微观层面上讲,是指教师在学生的成长过程中起着积极的助推的影响,这种影响就是教育。教育的对象是人,我们小学教师的教育对象就是小学生,真正理想的教育,不是让所有的学生考出高分。有的老师会错误地认为,只要在考试中所任教班级考试平均分是全年级第一,就认为是成功的教育。当然,如果你是通过调动学生的学习兴趣,学生喜欢学习,教师没有增加学生任何学业负担的情况下,能考出全年级第一,这样的方式说明你在教学生知识方面是成功的。这样的人我国有很多,魏书生是其中典型的代表,魏书生所教班级学生成绩永远是第一,但魏书生给学生增加学业负担了吗?显然没有!据说,魏书生既是教育局局长,又是班主任,还担任语文教学工作,同时还在全国各地到处讲学,他怎么能有时间去加重学生的课业负担呢?我们一起来看一段魏书生的视频。(播放魏书生的视频)

学生作为人,他不是一个产品,判断产品的合适有具体的评价指标,判断教育的成功没有固定的标准。学生除了学习学科知识以外,还有情感因素、与人相处、创新能力、品格品行、爱好习惯兴趣特长等复杂的组成部分。我们的教育要干什么?我们的教育就是要在学生的成长过程中助推其良好的发展。作为教师,如果眼中只有学生的学业成绩,而抹杀其他方面的发展,那还是教育吗?

从宏观层面上讲,一个国家、一个民族的人民变得更加文明、更加从容、更加友善、更加有道德、更加幸福,这就是教育。

以上是我跟各位老师交流的第一点——什么是教育研究?我们对教育的研究既可以宏观到一个国家、一个民族,也可以微观到个体的生命成长。下面,我们再来看第二点——为什么要进行教育研究?很多老师都很困惑:我们为什么要搞教育研究?对此有困惑的老师,肯定是对教育研究有太多的误解。比如,有的老师认为,教研太深奥,咱搞不了;有的老师认为教育科研很玄妙,门槛高得迈不进去;有的老师认为教育研究没有用,提高成绩才是硬道理;有的老师认为搞教育科研是专家和领导的事,事不关己,高高挂起;有的老师认为教学和科研是两码事,本身就够累了还搞什么教育研究,等等。

其实这些都是对教育科研的误解,正如一位名师深有感触地说:"什么是最好的教育科研?带着一颗思考的大脑从事自己平凡的工作,思考并实践最重要。"这句话告诉我们:教育科研就在我们身边!遵循"工作→问题→课题→研究→成果→解决问题→改进工作"的科研流程,从教学活动中发现困扰教学的主要矛盾和实际问题,围绕问题去学习理论,建立有价值的研究课题,开展实验研究,最终将成果应用于我们的教学工作中,这就是教育科研。

有一位音乐老师发现学生对音乐教学中的抗战歌曲不大感兴趣。这种现象是可想而知的,现在的学生整天沉浸在流行歌曲中。抗战歌曲对他们来说,大概属于古董之列。我们这位老师认为,学生之所以对抗战歌曲不感兴趣,可能是因为现在的学生和抗战歌曲相隔的时代久了,他们不了解那个时代,不了解这些抗战歌曲在那个时代所起到的作用。因此拉近这些歌曲和现代学生的距离,成了他解决问题的一个思路。他后来建立了一个课题"在音乐教学中运用音乐史料的实践研究"。在实施这个课题的过程中,他利用学生收集资料的能力强、运用信息技术的能力强的优势,让学生制作抗战歌曲的课件。学生被迅速调动起来,有的收集了抗战歌曲的背景资料、作词者、作曲者的资料,有的还剪辑了影视资料。他们制作的课件精彩纷呈,在上课时,学生自己介绍自己制作的课件。通过这些学生自主活动,客观上学生对这些抗战歌曲就比较熟悉了。当唱起这些歌曲的时候,他们的眼前很自然就听到了白山黑水间激越的枪声,看到太行山上喷薄欲出的红日,看到奔腾咆哮的黄河……,这些景象融入他们的歌声,激发了他们的演唱情感。

这个课题由实际的教学问题引起,这位老师对解决这个问题有着他自己的思路,因此,他是以解决问题的思路作为课题的名称。确实这样,有许多问题司空见惯,如果能认真思考,逐渐形成解决问题的思路,课题研究的线索就基本成形了。这个课题形成了这样一种假设:如果学生不喜欢抗战歌曲是由于他们不了解抗战歌曲,那么,他们了解了这些抗战歌曲,就会逐步喜欢上这些抗战歌曲。如何使学生了解这些抗战歌曲,教师本着自主学习、引导探究的教育理念,以学生为主体,让他们在自主的探究活动中形成新的意义建构。

不知道你们有没有过这种感受?当教师时间长了,不免从心里产生一些厌倦,这叫职业倦怠。在座的各位新入职的老师可能没有这方面的感受。如果你们不进行教育研究,在接下来的五年、十年时间里,日复一日"重复着昨天的故事"。每天家庭、学校两点一线地奔波,课堂上学生脸上顽皮的表情,教室里的三尺讲台一块黑板几根粉笔,备课,上课,批改作业,辅导学生,处理琐碎事务……没完没了,毫无新意,这程式化的工作生活谁不厌倦?有的老师敷衍应付,心思全不在教育教学上,更多的老师则默默地当着任劳任怨的老黄牛,麻木无趣,苦而不乐。实际上,这不是一个独立的有个性的人所需要的工作方式。作为一线教师,我认为教师只有走上教育科研这条"幸福之路","涛声"才不会依旧。

实际上，教研并不深奥，也不神秘。我们的公开课是教育研究，集体备课是教育研究，课题研究是教育研究，论文发布也是教育研究。这些都是我们一般教师能够做得到的。譬如，把教育教学工作比作农业生产劳动，广大教师相当于广大农民。只有广大农民有了夺取丰收的愿望后，抓紧学习和提高，不仅学习相关的农业基础知识，还不断思考分析生产活动过程中面临的各种问题，把曾经取得的经验和一定的理论结合起来，探索、交流、不断创新，这样就一定会获得更大的丰收。而且必然的，广大农民中肯定会出现一系列的专家。这才应了"群众是真正的英雄"这句话！教师在教育教学实践中所面临的问题，其中许多问题都很细小、很琐碎、很具体。这些小问题往往制约着我们的教学工作，所以，我们教师就必须要来研究解决。教师比之广大农民，有非常扎实的文化底蕴，这为我们从事教育研究工作奠定了坚实的基础。我们在一定的教育教学实践中，掌握了一定的教育教学理论和实践知识，我们也有自己一定的见解和看法。只要丢弃"教育研究是专业人员的事，与我无关"这样的观念，在实际工作中，有意识地、自觉地多做些调查、对比、分析、探讨、交流、总结、升华等工作，教师们就一定能够获得惊人的提高，成为一个称职的、出色的教育工作者。无数先行教师的成功事例已经无数次地告诉我们：只要行动起来，参与教育研究，大家都一定能成为一名出色的教师，甚至成长为教育专家。

再比如，是否进行教育研究和锻炼不锻炼一样，锻炼与不锻炼的人，隔一天看，没有任何区别；隔一个月看，差异甚微；但是隔五年十年看，身体和精神状态上就有了巨大差别。锻炼的人身上气血旺盛，精神饱满，给人感觉很有活力！很久不锻炼的人，看上去会有一种慵懒、无力感，气血不通，精神不佳！锻炼是为了身体，为了精气神！是否进行教育研究也是一样的道理，坚持进行教育研究与不进行教育研究的教师，日积月累，终成天渊之别，名师、特级教师只会从坚持进行教育研究的教师中产生，而那些不进行教育研究的教师只能是默默无闻地一辈子做个教书匠。

接下来，跟各位老师交流第三点——怎么进行教育研究？刚才，我们已经交流了什么是教育研究，以及为什么要进行教育研究。但是最重要的还是怎么进行教育研究。为什么进行教育研究只是停留在思想层面上，而怎么进行教育研究则是落到实际行动中。思想再好，但不落实到行动上，只是纸上谈兵，因此怎么进行教育研究最为重要！

怎么进行教育研究呢？作为小学老师，我们所进行的教育研究与大学老师所搞的教育研究不一样。大学老师更多的是理论研究，我们小学老师的教育研究应该是实践研究，应以课堂为中心，研究课堂中的人（学生、老师）和物（教材、教学手段）、人和人的关系（学生和学生的关系、学生和老师的关系）、人和物的关系（学生如何使用教材学习、教师如何使用教材教学、教师如何运用教学手段进行教学），通过教学反思、教学设计、教学论文、课题研究的形式呈现出来。

先说说教学反思,对于教师来说,教学反思就是教师自觉地把自己的课堂教学实践,作为认识对象而进行全面而深入的冷静思考和总结,它是一种用来提高自身业务,改进教学实践的学习方式,积极探索与解决教育实践中的一系列问题及有效的经验。叶澜教授曾说过:一个教师写一辈子教案不一定能成为名师,如果一个教师写三年的反思,就有可能成为名师。教学反思可以帮助教师从每天的教学行为中发现自身的教学问题,并提出解决问题的方案,提升自身的专业化水平。教师要想进一步充实自己,优化教学,并使自己逐渐成长为一名称职的人类灵魂工程师,成为研究型的教师,写教学反思是第一步。那么怎么写教学反思呢?

写成功的经验:教师在反思中应将教学过程中引起教学共振效应的做法,课堂教学中临时应变得当的措施,层次清晰、条理分明的板书设计,讲解重点和突破难点而选用的典型例句,某些教学思想方法的渗透与应用的过程,教育学、心理学中一些基本原理使用的感触,教学方法上的改革与创新等要详细得当地记录下来,供以后教学时参考使用,并可在此基础上不断地改进、完善、推陈出新,达到光辉顶点。

写教学中的失误:任何一节课都不可能是百分之百成功的,即使是成功的课堂教学也难免有疏漏失误之处及觉得需要改进的地方。教师应该把课后发现的不足或教学中的失误记录在课后反思中,并对它们进行系统地回顾、梳理,并对其做深刻的反思、探究和剖析,以便在今后的教学中吸取教训,避免犯类似的错误。

写教学中的灵感:课堂教学中,随着教学内容的展开,师生的思维发展及情感交流,往往会因为一些偶发事件而产生瞬间灵感,比如好的教学方法、策略、手段等。这些"智慧的火花"常常是不由自主、突然而至,教师应该利用课后反思去捕捉,并把它们记录下来,以便为今后的教学服务。

写学生的见解:在课堂教学过程中,学生是学习的主体,学生总会有"创新的火花"在闪烁,教师应当充分肯定学生在课堂上提出的一些独特的见解,这样不仅使学生的好方法、好思路得以肯定,而且对学生也是一种赞赏和激励。同时,这些难能可贵的见解也是对课堂教学的补充与完善,可以拓宽教师的教学思路,提高教学水平。因此,将其记录下来,可以成为今后教学的丰富材料和养分。

写教师的疑惑:在教学中教师如果对教材中的某个知识点有疑惑,教师应该记录下来,向教材出版社、杂志社或报社询问,以便教学资源更加完善。

写学生的困惑:学生在学习中遇到的困惑往往是一个单元或一节课的难点。教师在教学中,应该特别留意哪些词、哪个短语、哪个句型、哪个语法点学生掌握不好,把它们记录下来,帮助学生找到原因,提出改进的办法。

写他人的成功做法：教师在听其他教师课后，再对照自己的教学设计，有时会发现自己的不足，别人的长处。在写课反思时，教师应该将他人的成功做法和经验记录下来，补充完善自己的教学设计。

写教学"再教设计"：教学一节课下来，静心沉思，摸索出了哪些教学规律、哪些创新，知识点上有什么发现，组织教学方面有何新招，解题的诸多误区有无突破，启迪是否得当，训练是否到位，等等。及时记下这些得失，并进行必要的归类与取舍，考虑一下再教这部分内容时应该如何做，写出"再教设计"，这样可以做到扬长避短、精益求精，使教学更加完美。

写教学反思既要及时又要执着，一有所得立即记下，有话则长，无话则短，不必拘泥于形式，不受篇幅限制。教学反思有益教学，思之则活，思活则深，思深则透，思透则新，思新则进，思进则成。

下面谈一谈如何写教学设计。有的老师可能会说，我们每天都上课，每天都在写教案，教学设计不就是教案吗？我想说教学设计不等于教案。与教案相比，教学设计更多地体现了新的教育教学理念的特点。教案是我们老师备课结果的体现，教案大致包含三个方面的内容：备学生部分，教材部分，教法部分。教学设计则不同，是以分析教学需求为基础，以确立解决教学问题的步骤为目的的，着眼于激发学习兴趣，促进学生的学习，能够客观地评价和判断教学结果。通过教学设计，教师可以对教学活动的基本过程有个整体的把握，可以根据教学情境的需要和教学对象的特点确定合理的教学目标，实施可行的评价方案，从而保证教学活动的顺利进行。它能够促使教师去理性地思考教学，同时在教学认知能力上有所提高，真正体现教师与学生双发展的教育目的。

怎么进行教育研究的第三方面，我觉得是要会写教育教学论文。有的老师做了一辈子教师，没有写过一篇教育教学论文。作为如今的教师，一定要写教育教学论文，教学论文写作是一线教师必须具备的基本素质之一，也是衡量其科研能力的重要依据，更是其成长的阶梯。作为教师，要从传统的知识传授者积极向学生学习的促进者、教育教学的研究者、课程的开发者与建设者转变，缺乏过硬的科研能力及相应的论文写作水平显然不能胜任当前的教育工作，更不能适应时代发展的要求。

对于我们新入职的青年教师来讲，如何写好教育教学论文呢？第一点，要选好切入点。对我们从事教学第一线的教师来说，可以从以下几个方面去写：

基础理论方面的研究。例如：对课本上某些概念的引入过程或某些定理、公式的证明过程做适当的改进和更新；对已有的命题做适当的推广或移植；对有争议的问题提出自己的新见解，对课本上某些错误进行分析校正，或站在新的理论高度、用新的观点来分析和研究某些问题。

对教学实践经验的总结方面：教师在日常的教育教学工作中,总有这样那样的、或大或小的体会,总有自己的得意之处。要善于及时记录总结,去粗取精,去伪存真,由感性认识上升到理论认识,最后用文字的方式表达出来。

对学生心理研究方面：结合学生学习的思维特点和规律进行转化;各科教学的课外工作(课外作业、课外辅导活动、学科竞赛等),常见解题错误分析。

学科思想方面：如某些学科问题的特殊解题思路或巧解妙证,及一些学科思想和方法的运用等。

课程、教材、教法的试验性研究方面：目前,新教材的应用、教法学法改革以及作业批改等方面的研究,这些方面的体会、成果很值得一写。特别是现在我们都在进行高效课堂教学改革,新的教育理念的应用阶段,这些都可以成为我们的选题。

"教师一绝"：即教师在教育教学中的绝活、绝技、绝能,也可以是教师日常生活中的绝招,"一绝"并非绝无仅有,主要是教师的特点特长和特色,它具有相对性。

激励学生非智力因素方面的研究：除智力因素之外,影响智力活动和智力发展的具有动力作用的个性心理方面。

好的切入点,是写好教育教学论文的前提,对于教育教学论文还要关注论文的立意,要讲究高、深、新、远。所谓的"高"是我们写教学论文的出发点要高,立意要高,站得高,看得远。高屋建瓴,高瞻远瞩,既全面系统,新奇新颖,又深有见地。理论的水准高,教学研究不能老是在同一个水准上徘徊,而要把认识事物的着眼点逐步提高。深,并不是一定要高深莫测,而是指研究的深刻,只有分析透彻、深有见解的文章,才能在众多的文章中脱颖而出。新,就是文章不能老生常谈,要体现出教学新理念、新课程、新方式、新见解,思想观念的更新尤为重要,内容要针对新课程标准、新教材,敢于提出新的挑战,想别人之未想的,说别人之未说的,写别人是未写的。研究的内容和形式都要新,要善于用其他学科的新思想、新方法来研究教学,要吸收邻近学科的研究成果作为借鉴。所谓"远",就是立论的影响深远。课题要既切合客观实际,有实用价值,又符合发展的方向,这样写出的论文,就有源远流长之意。

对于教育教学论文,还有一点也很重要,就是论文的题目。题目过大了,势必精力分散,道理讲不清说不透,最好是取某个小问题、某个问题的侧面来写,把道理说清楚,使人们看后得到启发,受到教益。论文的题目一般都采用肯定式,有时为了吸引读者,也可以用提问式的题目。为了引申主题,或者对某一事实必须在标题中加以说明,还可以在题目的后面再添一个副标题。如果加副标题,那要注意与主标题之间的虚实关系,也就是说加副标题的前提条件是主标题是虚的,副标题要是实的。论文题目的长短,用字的多少并无一定的标准。但文字用得得当,可使整个题目富有诗意,文字用得不当,就会使整个题目黯然失色，起不到其应有的作用。因此，论文题目的文字，一定要仔细推敲，拟出引人入胜的好题目。

另外，因为在座的各位都是新入职的老师，所以我还想和各位老师介绍一下论文的格式或结构。一篇完整的教育教学论文应该包括以下七个组成部分：

1.标题。2.作者署名。作者署名，不论个人还是单位，就放在标题下面，占一行，通常要注明单位、邮编，可写在署名的同行或下一行（有的刊物将单位写在文末），如和标题隔一行，下面正文也要隔一行。署名在一行中要与标题对应而居中，名字若是两个，当中应空一格。另外还要标明联系电话和电子邮箱。3.摘要、关键词。4.正文。正文包括引言、实质、结语三部分。正文每个字占一格，标点也应占一格，每段开头要空两格。文章若分几大部分而不加小标题和序码时，为了醒目，各部分之间可空一行；用了小标题或序码，全文结尾无法加小标题或序码时，也可空一行。5.序码。写文章，需要分条分项时，要用序码。用得最多的是小写汉字数码和阿拉伯数码。现在出版社规定的有四种序码：第一是：一、二、三……；第二是：（一）（二）（三）……；第三是：1、2、3……；第四是：(1)(2)(3)……。编写书籍时，可以编、章、节结合使用。6.引文。段中引文：凡是强调性引文都写在行文之中。如果引的是原文、原话，要加冒号、引号；若引的是原意，只加冒号即可；提行引文：重要的、强调性或较长的引文可提行引出，即另起一行，比正文缩两格，即开头缩四格，其他前后各缩两格。另外，也可采取更换印刷字体而不缩格，或加引号提行不缩格的办法。7.参考文献。对正文中的一些词语或引文出处要作说明时，在全文的末尾用附注"参考文献"。

有些教师写论文的目的带有很强的功利性，有的教师想一炮打响。当发现自己寄出的第一篇文章不发表时就失去了写的信心。其实每个人从写文章到发表都有一个过程，这一过程是一个不断学习、不断提高、不断进步的过程。有时文章没有发表，但通过学习、思考，对某一类问题肯定有了较系统的了解与认识，促进了学术与研究水平的提高。俗话说，失败并不可怕，可怕的是害怕失败！

教学论文写作有规律，但没有现成的方法。方法与技巧要靠自己去摸索、去探索。我们只要通过多读、多写、多改的写作实践，掌握写作的本领，并做到运用自如，就一定能够创造性地写出更多更好的论文。

最后，我想和各位老师交流的是课题研究。我认为，课题研究是教育研究的最高形式。教学反思，工作第一年的老师就可以进行对自己的每节课的教学进行反思，而且教学反思是一个持续的过程，工作五年的老师需不需要教学反思？工作十年的老师需不需要教学反思？工作二十年的老师需不需要教学反思？当然需要，也就是说，一个研究型的教师，教学反思伴随着他的教育生涯，从工作第一年起就要学会进行教学反思。撰写教学设计和教学论文应该是工作三五年站稳讲台后,随着教学反思越来越深入、越来越系统,我们就应该尝试着写教学设计和教学论文了!当然,你的教学设计和教学论文的撰写必须以入职三五年来的不断积累和总结为基础。对于课题研究,我觉得应该至少等工作五年之后开始,那么如何进行课题研究呢?

课题研究是教师专业发展的必经之路。教师要关注自身实践中有意义的事件和日常工作中有价值的困惑,在看似无问题的"教学惯性"中发现问题,在问题成堆时聚焦某一个问题,并在教育教学过程中激发学生热情,挖掘学生潜能,塑造学生人格,进而丰富自己的情感,满足自己的精神追求,提升自身的生命价值,实现自己的幸福理想。这是教师科研的真正境界。

课题研究包括选题、开题、结题三个环节。选题,是课题探究的第一步。选题水平是中小学教师科研能力的重要标志,选题过程本身也是中小学教师提高科研能力、走向专业化的重要一环。中小学教师要有效地开展科研,必须首先学会如何选题。

课题研究的开题关键是课题研究方案(开题报告)的撰写。一份完整的开题报告主要包括以下几个方面:课题名称,研究意义,研究目标,研究内容,研究方法,研究步骤,成果形式,组织机构和人员分工,设备条件和经费预算等。最后,课题研究还需要结题。

各位老师,如果你坚定了做教师的信念,那么你就应该去做一名优秀的教师,怎样才能成为一名优秀的教师,我觉得,坚持做教育研究的教师是成为优秀教师的一个非常重要的条件。希望今天的交流,能对你有所启发,今天的交流就到这里结束,感谢各位老师的聆听!谢谢!

尾 声

今天，我要和在这里与我相遇的每一个人说声："再见！"

在这里，有着一群可爱的孩子，你们见着老师，就会主动行一个队礼，说一声："老师好！"你们是新时代的好少年。再见，孩子们！

在这里，有一个教师团队，你们工作兢兢业业，为祖国边陲的教育事业奉献自己的青春，你们是最让人值得尊敬的人。再见，老师们！

在这里，有一个超过1万人口的123团的朋友，你们热情、心地善良，将兵团的精神代代相传，你们让我佩服。再见，123团的朋友们！

今天，我还要和这里与我相伴的每一个事物说声："再见！"

在这里，有一个充满欢声笑语的幸福校园，你和兵团同成长，并见证着兵团的发展。再见，我工作过的地方！

在这里，我又穿越到儿时赶集的场景，每月1号这里便"逢大集"，很是热闹，每次穿越在熙熙攘攘的大集上，我就想到小时候母亲牵着我的手去赶集！再见，热闹的集市！

在这里，有一个300米的橘红色塑胶跑道，寒来暑往，是你不离不弃地注视着我奔跑了一圈又一圈（连续100天共跑过1000千米）。再见，塑胶跑道！

正是因为有了你们，才有了我人生中这段不平凡的经历，我深感荣幸。

明天，我就要离去，我的这一段经历或许像梦境一般，但这一定是美梦。期盼再一次相见！